梅本堯夫・大山 正 監修 **5** ライブラリ 実践のための心理学

環境心理学
第2版
人間と環境の調和のために

羽生和紀 著

サイエンス社

監修のことば

　21世紀は地球規模の環境問題と先進諸国に典型的な少子化・高齢化などの問題に直面しています。また高度な技術開発が進んだ現在の社会は，自動機器が整備され，情報にあふれ，物質的環境は整備されましたが，心の文化，人間関係は必ずしもそれに伴っているとはいえません。

　日々のニュースは，犯罪や抗争や事故を伝え，人びとの心に不安を与えるとともに，家族やコミュニティや組織の重要性と健康や福祉や文化間の協調の必要性を訴えています。

　人びとに真に豊かな生活を与えるためには，心理学がもっと実践に役立たなければなりません。大学においても，より時代の要請に合った教育プログラムの提供が求められています。そのような中で，心に関した問題に対する社会的関心が高まり，心理学を教える学部・学科も増えてきました。カリキュラムの内容も基礎的なものに加えて，実践的応用的な科目の充実が求められています。

　本ライブラリではこのような状況に応じて，心理学の実践・応用の分野について，基本的な知識を平易に解説し，コンパクトにまとめて読者に提供しようとするものです。

監修者　梅 本 堯 夫
大 山　　正

　なお，本ライブラリは梅本堯夫先生がご生前にともに企画され，執筆者への依頼もされましたが，その後，惜しくも急逝されました。大山がご遺志をついで監修に当たっております。

第2版へのまえがき

　2008年に刊行された本書は，幸いにも好評を持って迎えられ，順調に増刷を重ねてきたが，刊行後10年が経過したことを機として版を改めさせていただくことになった。この機会に，現在の状況を踏まえながら，内容を確認してみたが，基本的な構成に関してはまだ問題はないと判断したため，既存の内容の修正は最小限にとどめ，この10年間に現れた研究や知見のうち，特に重要と思われる情報を追加した。この版も多くの読者を得られれば幸いである。

　この10年間で環境心理学は少しずつ，だが確実に発展してきたといえるだろう。環境心理学という言葉がタイトルに含まれる書籍が複数刊行され，また，心理学の辞典や心理学のシリーズ本において環境心理学の項目・章や巻が含まれる機会が増えた。特に辞典やシリーズ本については，心理学の世界における認知の高まりを反映したものだろうという，希望的観測をしている。そして，2008年に日本環境心理学会が発足し，学会誌である「環境心理学研究」が定期刊行されるようになったことは，環境心理学の研究が知られる機会の拡大ということで，画期的な出来事であった。

　一方で，環境心理学の研究内容にも変化の兆しが見えている。この10年間に行われた環境心理学の研究の多くが具体的な社会問題の解決を目指すものであった。しかも，そうした問題の多くは，地球環境問題，少子高齢化社会，コミュニティの崩壊，高ストレス社会，新しい種類の犯罪や過度の犯罪不安などの，現代社会における緊急かつ重大な問題であり，それを扱った環境心理学

の研究は，環境心理学が社会問題の解決・軽減に大いに貢献できることを示してきた。

　また，従来，環境心理学は日本を含む先進国を中心に発展してきたのだが，この10年で，それ以外の国と地域にも豊かな広がりを見せている。次世代の環境心理学者は世界中で生まれている。そして，彼らや彼女らは環境心理学に新しい視野や方向性をもたらしてくれることだろう。もちろん，日本からも多くの次世代の環境心理学者が育つことを期待している。環境心理学は大いなる可能性を秘めており，その潜在力を確実に発揮しつつあると思う。今後の10年もまた楽しみである。

2019年2月

羽生和紀

初版へのまえがき

　本書を執筆するにあたって目的としたことは一番簡単でわかりやすい環境心理学の教科書にすることであった。日本における環境心理学の多くの教科書は1970年代から80年代初頭に出版されたもので，新しい内容の教科書が待たれていたが，ここ数年，新しい環境心理学の教科書が何冊か出版され，教育・学習のための状況はかなり改善された（1章の「参考図書」にそうした新しい教科書を紹介した）。これらの新しい教科書は大学院生や，専門的な知識を学習したり，卒業論文を書くレベルに達した大学生の知的要求に十分こたえられる専門的な内容，詳しい網羅的な内容をもった中級・上級の内容である。しかし，これらの新しい教科書はまったくの初学者には多少敷居が高いようである。そうした中級・上級の教科書・専門書に初学者を導くための初級の入門書として本書は構想された。そのため，本書の内容は定説や広く認められている知見を中心に構成し，入門書としての性質上，引用は絶対に必要な部分にとどめた。したがって，本書を読んでさらに詳しく各研究や理論に関して知りたくなった読者は，そうした新しい教科書に読み進んで欲しいし，それが本書が使命を果たしたということであろう。

　本書を書くにあたり特に考慮したもう一つのことは，グローバルに標準的な教科書にしたいということであった。そのため，海外における環境心理学の標準的な教育内容を枠組みにし，そこに日本におけるオリジナルな研究を組み合わせていくという構成をとった。しかし，標準的な内容といっても，結局は著者自身の環境心理学観・理解を反映したものであろう。今回，こうして教科

書を書くということは，自分自身の環境心理学観と向き合う経験であり，同時にその偏向と限界を知るいい機会にもなった。また，著者自身の環境心理学観の多くの部分は，大学院生時代の指導教官の米国オハイオ州立大学のジャック・ナサー先生から学んだものである。そして，そこには彼の先生であったジャッキム・ボルビルやオスカー・ニューマンから伝わってきたものも含まれているのであろう。そうした知の伝承を，ささやかではあるが本書のような著作としてまた別の者に伝えられることは大きな喜びである。

著者はこれまでいろいろな大学・専門学校・大学院で環境心理学の授業を行ってきたが，その相手は必ずしも心理学が専攻の学生に限らない。そこにはいろいろな専攻の文系・社会科学系の学生がまざって受講してくれたが，それ以外に環境・空間デザインや芸術系の学生を対象にした授業も多く行っており，そうした領域からの環境心理学への期待も感じてきた。したがって，本書は読者を心理学専攻の学生だけに限定せず，建築・都市計画，環境・空間デザイン，広い意味でのプロダクトデザインやクリエーター志望の学生などにも読んでもらうことを想定し執筆した。また，内容的には，知的好奇心のある高校生や環境心理学に興味を持った一般の方々にも読んでいただけるように工夫したつもりである（そのような主旨から，著者自身の撮影による写真を多く掲載した）。

また本書は入門書という性格から，専門的な内容に関しては他書に委ねるつもりで各章末に参考図書を挙げたが，日本語の文献だけでは不足している内容を補足するために，各章の参考図書には1冊ずつ英語の原書を紹介した。また，環境心理学に関する論

文は，日本語では人間・環境学会が刊行している『MERAジャーナル』をあたって欲しい。しかし，環境心理学の論文の多くは英語で書かれている。卒業論文を書こうとする学生や大学院生はぜひ，英語の専門誌である『*Environment and Behavior*』や『*Journal of Environmental Psychology*』を読んでみて欲しい。もしも，環境心理学を専門に学んでいきたい，研究していきたい場合には，英語の文献を避けることはできない。それは，他の領域の学問でも同様であろうが，環境心理学の場合には特に顕著である。学部生や大学院生の早い時期から英語の文献に慣れ親しみ，できれば将来は英語で海外に研究を発表して欲しいと思う。

　著者が環境心理学に出会ってから20年以上の月日が経ったが，今でも出会った時に感じた，「こんなに面白い学問があるのか」という気持ちは変わっていない。そうした思いが一人でも多くの読者に伝わることが著者の望みであり，その中の何人かが環境心理学を志してくれることがあれば，それは望外の喜びであろう。

　最後になりますが，本書の構想，構成にあたっては九州大学大学院・南　博文氏，駿河台大学・小俣謙二氏，科学警察研究所・島田貴仁氏から多大なご助言を受けました。また，編集作業においてはサイエンス社の清水匡太氏・佐藤佳宏氏に多くの労を割いていただきました。ここに記して感謝いたします。そして，環境心理学者として著者を育ててくれたジャック・ナサー先生，執筆の時間を確保するために配慮してくれた妻，一緒に遊びたい気持ちを我慢してくれた二人の息子にもお礼を伝えたいと思います。

2008年3月　自宅にて

羽生和紀

目　次

第2版へのまえがき ……………………………………… i
初版へのまえがき ……………………………………… iii

1章　環境心理学とは何か　1
　1-1　環境心理学とは何か ……………………………… 2
　1-2　環境心理学の考え方 ……………………………… 6
　1-3　環境心理学のテーマの分類 ……………………… 8
　1-4　空間・場所・場面 ………………………………… 10
　1-5　環境心理学における基礎研究と応用研究の関係 … 12
　参　考　図　書 ………………………………………… 14

2章　環境の知覚と認知　17
　2-1　レンズモデル ……………………………………… 18
　2-2　環　境　推　論 …………………………………… 20
　2-3　認知距離――心理物理学的関係 ………………… 22
　2-4　認知距離――物理的要因 ………………………… 24
　2-5　認知距離の理論 …………………………………… 24
　2-6　認　知　地　図 …………………………………… 28
　2-7　認知地図の精度 …………………………………… 30
　2-8　都市のイメージの構成要素 ……………………… 32
　2-9　イメージャビリティ ……………………………… 34
　2-10　認知地図の発達 ………………………………… 36
　2-11　YAHマップ ……………………………………… 38
　参　考　図　書 ………………………………………… 40

3章 環境の評価　43

　3-1　環境評価のパラダイム …………………44
　3-2　環境評価の基礎次元 …………………48
　3-3　2次元温冷感モデル …………………50
　3-4　対比の特性と覚醒モデル …………………52
　3-5　環境評価における生態学的モデル …………54
　3-6　プロトタイプと環境への評価 …………56
　3-7　評　価　地　図 …………………58
　参　考　図　書 …………………60

4章 環境査定と環境デザイン　63

　4-1　Ｐ　Ｏ　Ｅ …………………64
　4-2　一般人と建築家の違い …………………66
　4-3　パターンランゲージ …………………68
　4-4　バリアフリーとユニバーサルデザイン …………70
　4-5　デザインのアフォーダンス …………………72
　4-6　ネガティブな行動を導くアフォーダンス …………74
　4-7　誰のためのデザイン？ …………………76
　4-8　パブリックアート …………………78
　参　考　図　書 …………………82

5章 パーソナリティ・個人差と環境　85

　5-1　ローカス・オブ・コントロール …………86
　5-2　スクリーナーとノンスクリーナー …………88
　5-3　環境パーソナリティ目録 …………………90
　5-4　場所愛着と場所アイデンティティ …………92

5-5　原風景 ……………………………………… 94
　5-6　女性・子どもと環境 ………………………… 96
　5-7　高齢者と環境 ………………………………… 98
　参考図書 …………………………………………… 106

6章　対人・社会環境　109
　6-1　プライバシー ………………………………… 110
　6-2　パーソナルスペース ………………………… 112
　6-3　テリトリアリティ …………………………… 118
　6-4　ホームアドバンテージ ……………………… 122
　6-5　クラウディング（混みあい感） …………… 124
　6-6　人員配置理論 ………………………………… 126
　参考図書 …………………………………………… 128

7章　住環境と都市環境　131
　7-1　ハウスとホーム ……………………………… 132
　7-2　高層・超高層住宅 …………………………… 134
　7-3　環境移行 ……………………………………… 136
　7-4　住居の選択・引越し ………………………… 138
　7-5　都市生活 ……………………………………… 140
　7-6　居場所とサードプレイス …………………… 146
　参考図書 …………………………………………… 148

8章　教育環境と労働環境　151
　8-1　学習と環境デザイン ………………………… 152
　8-2　教室における着席位置 ……………………… 154

8-3	労働環境の影響——ホーソン研究	158
8-4	オフィスの照明	160
8-5	オフィスの空気——温度, 湿度	162
8-6	オフィスのプライバシー	164
参考図書		166

9章 自然環境の心理学　169

9-1	バイオフィリア仮説	170
9-2	回復環境	172
9-3	コモンズの悲劇	176
9-4	環境教育	178
9-5	環境配慮行動	180
9-6	環境災害のリスク認知	182
参考図書		186

10章 犯罪と環境　189

10-1	ホットスポット	190
10-2	ルーティンアクティビティ理論	192
10-3	守りやすい空間	194
10-4	CPTEDと状況的防犯	196
10-5	割れ窓理論	198
10-6	犯罪不安	200
10-7	転移と拡散	202
10-8	地理的プロファイリング	204
10-9	意識空間	208
参考図書		209

目　次

引用文献 …………………………………………………… 211
人名索引 …………………………………………………… 231
事項索引 …………………………………………………… 233
著者紹介 …………………………………………………… 237

環境心理学とは何か

　「環境心理学とは何か」。環境心理学の名称は聞いたことがあるかもしれないが、その実体までを正確に知っている者は多くないだろう。環境という冠がつく諸科学の中では最も古い歴史を持つ領域の一つである環境心理学にはすでに半世紀近い歴史がある。にもかかわらず、その実体がよく知られていないのは、環境心理学者の努力不足以外の何ものでもない。

　「環境心理学とは何か」という問いの一つの答えは、「環境心理学者が行うこと（Proshansky et al., 1970）」である。環境心理学のように方法論もバックグラウンドも多様で、研究者ごとに「環境心理学とは何か」という問いに対して独自の考えを持っているに違いないこの領域では、これは非常にいい答えなのだが、多くの読者には納得できる答えにはならないだろう。まずは、環境心理学の代表的定義と枠組みを説明し、また、そこで用いられている基本的な概念や考え方を紹介することにしよう。

1-1 環境心理学とは何か

環境心理学とは人間と環境を一つの系(システム)として捉える実証科学である。つまり,特定の環境とそこで行動している人間を互いに影響を及ぼしあう,分けることのできない構成単位と考え,その関係を研究する学問である。ここでの環境には,物理的環境だけでなく,社会的・対人的環境や文化的環境を含む(**表1-1**)。

環境心理学は,狭義には「現実の環境における人間の心理」を研究する心理学の一分野であるが,広義には人間と環境のあらゆる関係を研究する学際領域である。広義の環境心理学は,地理学,建築学,造園学,都市計画,都市工学,社会学,環境犯罪学,環境社会学などと多くの研究対象を共有しており,また環境行動学や環境デザイン学とよばれる領域とも大きく重なっている。

また,心理学としての環境心理学は応用心理学の一領域とみなされることが多いが,応用という言葉を,基礎研究で得られた知識や法則を,特定の問題に適用し解決をはかるという意味で使うならば,環境心理学の中には,応用研究だけでなく,同じ重要性を持って,人間と環境の関係の一般的理解と理論化を目指す基礎研究も存在する。このことは,他の応用心理学の領域でも同様であり,応用心理学が基礎研究をしないというのは応用心理学に関する誤解の一つである。もちろん,基礎心理学といわれる領域からの知識・理論を応用・援用することは多いが,環境心理学が扱うある課題に対して常に基礎心理学の中に適用するために適した既存の知識・理論が存在するわけではなく,実際には環境心理学の研究の半分程度は基礎研究である。

さらに,広義の環境心理学では,政策や計画,あるいはデザイ

表 1-1　環境心理学の定義

「環境心理学とは人間とその環境の間の相互作用と関係にかかわる研究領域である」

(Proshansky, 1990)

「環境心理学とは個人とその物理的場面の間の相互交流の研究である」

(Gifford, 2002)

「環境と人間の心との相互作用を扱う学際領域」

(カンター・乾, 1972)

「環境心理学とは物理的環境と人間の行動と経験の間の相互関係に研究の焦点をあてた心理学の一領域である」

(Holahan, 1982)

「人間と人間自身がつくり出した物理的環境, 人間をとりまく諸環境の関係を総合的, 学際的に調査・研究する学問」

(正田, 1984)

「環境心理学とは人と環境の間の関係の体系的説明を行うことに関する心理学の部門である」

(Russell, & Ward, 1982)

「環境心理学とは行動および経験と構築および自然環境の間の全体的関係の研究である」

(Bell, Green, Fisher, & Baum, 2001)

「物理的・社会的環境と個人の行動と経験の間の体系的な相互関係に焦点をあてた, 基礎と応用の両方の方向性を持つ学際的行動科学である」

(Veith, & Arkkelin, 1995)

ンといった環境の創造過程にまで範囲が広がっているため，研究ではなく実務としての，知識・理論を適用・応用した解決法やデザインの提案ということも活動の範囲に入ることになる。

　環境心理学が成立したのは1960年代の終わりであるが，その成立には心理学内からの力と心理学外からの力が存在している。心理学内の力としては，具体的な物理的環境の働きを重視したギブソンやバーカーの生態学的研究が一つの契機となっている。それまでも，心理学において「環境」は，たとえばレヴィンの「場の理論」や発達研究における「生得と環境」議論のように，主要な要素として扱われてきたが，そこでは主として社会環境を中心とした抽象的な環境を対象としており，具体的な物理的環境を扱うことはまれであった。これに対し，ギブソンやバーカーの生態学的心理学においては，そのアプローチは異なるものの，いずれも具体的な物理的環境と人間の心理や行動との関係性が強調されている。この具体的な物理的環境を研究の中心とするアプローチが環境心理学の源流となっている。

　一方，心理学外からの力としては，1960年代における環境への急速な意識の高まりが働いている。1960年代は，それまでの直線的な進歩観が限界を示し，先進国を中心として生活環境が急速に悪化し，社会問題となった時代である。たとえば，1960年代の米国は大気汚染や騒音などの都市環境の悪化が顕在化し，また学校や病院などの施設において機能から質への転換が求められていた。このような環境の問題を解決するために，工学だけではなく，社会科学的なアプローチが求められ，その結果行われた，心理学者を含む多くの行動科学者の行動科学的，心理学的アプローチによる環境研究が，後に環境心理学として結実した（**表1-2**）。

表 1-2 環境心理学の歴史

1968 年	米国に最初の環境心理学の大学院の課程が City University of New York に設立される。
1969 年	米国に最初の環境心理学系の学会である Environmental Design Research Association（EDRA）が設立される。 米国に専門誌『Environment and Behavior』が創刊される。
1974 年	環境心理学と名づけられた最初の教科書（『An introduction to environmental psychology』(Ittelson et al.)）が刊行される。
1976 年	日本で「環境心理学」と名づけられた最初の教科書（『環境心理学』（相馬・佐古））が刊行される（ちなみに『建築心理入門』（小林）は 1961 年，『環境心理とは何か』（カンター・乾）は 1972 年の刊行）。
1980 年	オセアニアを中心とする学会，People and Physical Environment Research（PaPER）が設立される。
1981 年	ヨーロッパを中心とする学会，International Association for People-Environment Studies（IAPS）が設立される。 イギリスに専門誌『Journal of Environmental Psychology』が創刊される。
1982 年	日本に人間・環境学会（Men-Environment Research Association：MERA）が 1982 年に設立される。
1987 年	最初のハンドブック（『Handbook of environmental psychology, I & II』(Stokols & Altman)）が出版される。
1993 年	日本に専門誌「MERA ジャーナル」が創刊される。
2008 年	日本に日本環境心理学会（The Japanese Society of Environmental Psychology：JSEP）が設立される。

1-2 環境心理学の考え方

　環境心理学では，環境と人間の関係において，人間の内的過程・心理的過程が媒介すると考える。これに対して，環境が人間の反応や行動に「直接影響を与える」という考え方は「環境決定論」とよばれる。**環境決定論**は，その概念の単純な考え方や自由・人間の尊厳に対する冒涜(ぼうとく)であるということから批判を受けることがあるが，環境心理学は環境決定論的な考え方をしていない。環境心理学では，人間は環境からの情報を知覚，認知し，また，文脈や状況を考慮した上で，評価，態度の形成，行動の遂行をする。さらに，多様な環境に対して順応し，不適切な環境を調節したり改良したりするなど環境に対する働きかけも行うと考えている。つまり，環境が人間の行動に常に同じ影響をもたらすとは考えておらず，ましてや環境が行動を決定するとは考えていない。環境心理学の視点では，環境と人間の関係は個人ごとに変化し，さらには同じ個人であっても，その関係は状況や時間と共に変化する（**Topic 1-1**）。

　環境心理学では人間と環境の関係を一つのシステムと捉えているが，これは**相互交流・相互浸透**（transaction）とよばれる。これは，2つの独立した存在（人間と環境）があり，それらが互いに影響を与え合うという**相互作用**（interaction）とも異なる。相互交流では，2つの存在は不可分に存在し，影響を与えるのではなく，それぞれが全体の要素として機能すると見なす。

　実際の環境心理学の一つ一つの研究では，実験や調査の制約から相互作用を扱った研究も多いが，それらの研究の背後にあるものは相互交流的な考え方（パラダイム）であり，個々の研究を積み重ねることにより，人間と環境の交流作用的関係を明らかにす

Topic 1-1　その環境は頭の中にあるわけではない！

　環境心理学では，環境と人間の関係において，人間の内的過程・心理的過程が媒介すると考えている。しかし，これは特定の環境と人間の関係が，完全な柔軟性を持つことを意味しているわけではない。認知処理や個人の特性の違いにより同じ環境が違う経験や行動を引き起こすこともあるが，それは環境とはまったく関係ない自由な経験や行動ではなく，そこにはまた一定の傾向と幅を持つ関係が存在する。したがって，環境と人間の関係を理解するためには，特定の環境が実際にどのような反応を引き起こすのか（そして，人間の反応や行動が，また環境に対してどのような働きかけを行い，環境を変化させるのか）を研究することが必要である。

　つまり，環境心理学において重要なことは，**実際の環境**を対象にし，対象となる環境の物理的・社会的特性を要因に入れた研究を行うことであり，実際の環境の特性をあまり考慮しない，環境という刺激・情報の内的・心理的処理過程だけを重視した研究を行うことではない。

　ボルビルは初期の環境心理学の研究にあった，現実の環境に対してあまり注意を払わない，内的・心理的過程にのみに焦点を当てる傾向に対して警告するために，「その環境は頭の中にあるわけではない！（The environment is not in the head!）」，というタイトルの講演を行ったことがある（Wohlwill, 1973）。つまり，環境心理学は内的・心理的過程だけではなく現実の環境を相手に研究しなければいけないということである。

ることを最終的に目指している。

1-3 環境心理学のテーマの分類

　環境心理学の研究テーマを分類するには，①人間と環境の関係のプロセス，②環境の種類，③環境の利用者，で分類する方法が考えられる。

　プロセスで分類した場合には，①環境知覚・認知，②環境評価，③態度・意思決定と行動，④対人・社会プロセス，⑤環境アセスメントとデザインなどの研究領域に分けられる。

　環境の種類で分類した場合には，①都市環境，②自然環境，③住環境，④オフィスと労働環境，⑤施設環境（教育・医療環境など），⑥商環境，⑦特殊な環境（宇宙や超高・低温など），などに分類することが可能である（図1-1）。

　また，環境の利用者で分類した場合には，①子ども・青少年の環境，②女性の環境，③高齢者の環境，④ハンディキャップのある人々の環境，⑤被治療者（患者や病人）の環境などを区分可能な研究領域と考えることができるだろう。

　上の分類には含みにくいが，①環境と犯罪や，②環境配慮行動なども環境心理学の主要なテーマである。

　環境心理学の基礎研究では，主にプロセスで分類した研究テーマごとの研究が行われ，応用研究では環境の種類や利用者のグループで分類したテーマごとの研究が行われる傾向がある。本書では，どれか一つの分類法だけを採用するのではなく，全体の分類法を組み合わせて，環境心理学の研究の全体像を紹介できるように心がけたつもりである。

(a) ミクロスケールの環境

(b) メソスケールの環境

(c) マクロスケールの環境

図 1-1　環境心理学が対象とする環境のスケール
環境心理学はまた，あらゆるスケールの物理的環境を対象とする。(a) ミクロ（小）スケールの環境としては，一つの部屋やインテリア，モノなどが研究の対象となる。(b) メソ（中）スケールとしては，建築物や近隣などが研究の対象となる。(c) マクロ（大）スケールとしては，都市や地域などが研究の対象となる。

1-4 空間・場所・場面

　環境心理学では環境を表す言葉として，空間，場所，場面などさまざまな言葉を用いる。これらは，互いに交換可能な，ほぼ同じ意味として使われていることも多いが，研究者や理論ごとに異なる意味がこめられている場合もある。

　空間（space）とは，比較的広い環境を示すこともあるが，環境心理学の専門用語として使われる場合には，人間が活動する背景として広がる環境を主に意味することが多い。また，空間にとっては，人間の存在，人間とのかかわり合いは，必ずしも必要な要素ではない。たとえば，物理学的な意味での位置と広がりを示す場合には，空間の概念を使用することが適しているだろう。

　場所（place）とは，比較的狭い限定された環境を示すこともあるが，専門用語として使われた場合には，人の経験に関係した，意味づけをされた環境のことをさすことが多い。たとえば，自宅（7-1参照）や子どものころの懐かしい風景（5-5参照）は場所である。したがって，場所とは人間，それも特定の人間との関係性の中でしか特定されない，あるいは存在しない環境ということになる。

　場面・セッティング（setting）とは行動場面・行動セッティングとよばれることもあるが，単に物理的環境のことではなく，①行動の目的とそれを遂行する機能を持ち，②交流作用的に機能する人間と人間以外の要素から構成される，③時空間的に限定されたシステムである（**Topic 6-4**参照）。つまり，場面には環境の要素以外に，人間とその場に必要なモノが含まれ，さらに，行動の目的が決まっている。たとえば，教室は空間や場所であるが，そこで行われている授業は，教室，教師，生徒，授業の進行を含

1-4 空間・場所・場面　　　11

図 1-2　授業中
授業は「教室」「学生と教師」「授業の進行」から構成される場面である。

図 1-3　授業終了
同じ「教室」に同じ「学生と教師」がいても「授業の進行」がなければ「授業」の場面ではない。別の場面である。

図 1-4　休み時間
利用者がいない「教室」は場面ではない。

めて場面である（図1-2～図1-4）。

1-5 環境心理学における基礎研究と応用研究の関係

すでに述べたように，環境心理学には一般的な法則を追究する理論的な基礎研究と問題解決志向の応用研究，および理論の環境デザインへの適用という活動が含まれる。こうした，基礎研究と環境デザインへの適用を含む応用研究の関係は独立の活動ではなく，また，基礎研究から応用研究・環境デザイン実践に対して一方的に知識を提供するという関係にもない。

環境心理学において基礎研究と応用研究・環境デザイン実践は不可分のもので，基礎研究で見出された理論の妥当性を応用研究が検討し，また応用研究・デザインの実践の中から新しい理論のアイデアが生まれるというループが存在している。環境心理学の特徴，そして強みはこの基礎と応用を結んだループにあると思われる。つまり，よりよい環境をデザインするという行為において，環境心理学は，経験則だけによらない実証的な理論に基づく環境デザインを可能にするだけではなく，デザインをする，新しい環境を創造するという行為の中から新しいアイデアを発見し，新しい理論を生み出していくことができる。たとえるならば，環境心理学の基礎研究と応用研究は1枚のコインの両面と言える。そして，その両面を持つことが，環境心理学的想像力を養うために必要なことである（Topic 1-2）。

そして環境心理学では生態学的妥当性を重視するために，基礎研究であっても完全な実験的統制が難しい場合が多く，内的妥当性が犠牲になることや，準実験や質的研究のアプローチが必要になることも多い。しかし，基礎と応用のループが意味してるこ

Topic 1-2　環境心理学的想像力

　社会学者のミルズが提唱している「社会学的想像力」という考えは，われわれが日常の中で直面する様々な出来事を，社会と歴史に関連づけて考える知性の力を意味している（Mills, 1959）。この力を持たない人は，トラブルに見舞われた際に，それを単に私的な問題として考えてしまい，自己の責任を過剰に感じたり，解決できそうにないときにはただ絶望にとらわれ，無力を感じる。しかし，社会学的想像力を獲得した人は，そうしたトラブルを社会的な制度の矛盾や歴史的な変動の一部として把握することが可能になり，より適切な対処を行うことができる。また，私的な問題から出発し，社会を変革していくための意識をもち，変革への活動に参加する意欲も高まる。ミルズは，一般人が社会学的想像力を持つことの意義を説いただけではなく，当時の社会学の状況において，抽象的な理論や先端的な統計技法が優先された研究が多く行われ，社会学の伝統であった，歴史的な流れの中で生み出され，維持されている社会制度という文脈への目配り，つまり研究における社会学的想像力が軽視されている傾向を批判した。

　社会学同様，現実の環境を重視する環境心理学の研究においても，社会学的想像力のような知性の力は必要であり，また，環境心理学を学ぶことの大きな意義の一つは，その力を養うことである。その知性の力は，言ってみれば「環境心理学的想像力」ということになるだろう。

　環境心理学的想像力は，①現実環境で直面する問題を，個人の能力や過失によるだけとはみなさず，環境の側，特にデザインにもその原因があると考えることであり，また，②そうした問題を解決する際に，環境デザインの変更や修正の可能性を検討することである。

　この環境心理学的想像力を養うことで，生活の中で直面する問題の解決に役立ったり，社会における問題の解決に新しい視点を持つことができる。また，仕事において，これまでにはない方向からのアイデアを思いつくことも可能になるだろう。さらに，地球環境規模の環境心理学的想像力を働かせることで，人間がこの地球に与えるダメージを軽減するための知恵も見つかるだろう。

とは，応用研究や環境デザインの実践によって基礎研究の知見の妥当性や効果を検討することができるということである．それにより，内的妥当性の不足や準実験や質的研究の持つ問題を補うことができる．

参考図書

佐古順彦・小西啓史（編著）(2007)．朝倉心理学講座12　環境心理学　朝倉書店

　心理学系の環境心理学者による，少し専門的な教科書．各トピックに対して望みうる限りで最善の著者が並んでおり，非常に優れた内容である．教科書という体裁だが，実際には日本の環境心理学の現状，水準を示している．本書を読んで，さらに専門的に環境心理学について知りたいと思った人にお勧め．

ギフォード，R. 羽生和紀・槙　究・村松陸雄（監訳）(2005/2007)．環境心理学――原理と実践――（上・下）　北大路書房

　北米の大学院レベルの標準的で代表的な教科書の翻訳．現在日本語で読めるものとしては最も詳しい環境心理学の教科書である．上巻が原理（理論）中心，下巻が実践（環境の種類別の応用）中心の構成になっている．教科書としての役割だけでなく，研究のための文献目録・ハンドブックの役割も十分に果たしている．卒業論文や修士論文であれば，この本に載っている文献に当たるだけで十分な先行研究のリストがえられるし，博士論文でもこれをベースに，専門の新しいところを追跡，追加すればほぼ十分と思われる．また，学校，オフィス，自然環境，環境配慮行動など，今までに日本語の文献ではバラバラに扱われてきたトピックが同一の著者・環境心理学の一流の研究者の一貫した視点で紹介されていることも貴重である．卒業論文で環境心理学のテーマを扱う学生や環境心理学を専攻する大学院生にはぜひ読んで

ほしい。

芝田征司（2016）．環境心理学の視点——暮らしを見つめる心の科学
—— サイエンス社

最近刊行された，環境心理学の標準的な教科書の一冊。基本的な情報の記載と新しい知見の紹介のバランスが取れた優れた教科書である。初学者にも読みやすい。

南　博文（編著）（2006）．心理学の新しいかたち10　環境心理学の新しいかたち　誠信書房

環境心理学の中でも，特に環境の意味や環境の経験，環境と人間の作り出すシステムというような現象学的・システム論的アプローチが主体の研究報告，および論考集。実はこうしたアプローチは環境心理学ではなく他領域の研究者が環境における人間の問題を考えるときには，中心的な課題である。質的研究としての環境にかかわる心理や心と場所の絆に関して興味がある人にも必読の書。

槙　究（2004）．環境心理学——環境デザインへのパースペクティブ—— 春風社

理論や環境の種類別という従来の環境心理学の教科書の構成をとらず，人間が環境と関わるメカニズムで内容をすべて分類した概論書。著者の専門である建築のバックグラウンドを生かした，各メカニズムが環境デザインに持つかかわりについての詳しい記述もあり，建築や空間デザインの学生に向けた環境心理学の教科書としては最も使いやすい本の一冊。

羽生和紀（編）（2017）．環境心理学（シリーズ　心理学と仕事17）
北大路書房

環境心理学的想像力がどのように社会で活かされているかを知ることができる本。環境心理学の専門家が，街や家，病院，学校をどのように調査研究し，デザインの改善のために働きかけているか，あるいは，犯罪捜査や地球にやさしいエコ活動に関わっているかを紹介している。森の中で心と体を癒す森林浴に関する専門家の話も読める。こ

の本を読めば，心理学を学んだ学生が将来の仕事を決めるためのヒントに出会えるかもしれない。

Bell, P. A., Green, T. C., Fisher, J. D., & Baum, A.（2001）. *Environmental psychology*. 5th ed. Harcourt Brace.

　ギフォードのものと並ぶ，北米における代表的な環境心理学の教科書。この2冊が示している環境心理学の枠組みが，北米あるいは海外の環境心理学の世界像を代表しているといってもよく，海外の専門誌に投稿を考えている研究者には必読の書。

環境の知覚と認知

　人はどのようにして環境から情報を選択し，あるいは，受け取り，そして利用しているのだろうか。そこでは，情報を選択し，利用する人間のメカニズムと，与え，利用される環境側の特性の両方が重要な役割を果たしている。本章では環境の知覚と認知を人間の側，環境の側，そしてそのかかわりについていろいろな視点から眺めていく。

　知覚や認知における環境の特性の役割に関しては，従来の心理学ではあまり重視されていなかった側面であり，特に，人工・構築環境，たとえば都市に関する知覚や認知を扱うことは環境心理学の一つの特徴である。

2-1 レンズモデル

　レンズモデル（Brunswik, 1944, 1956）は，知覚における大きさの恒常性を検討したものであり，距離によって変化する網膜に映る対象物の像の大きさから，なぜ実際の対象物の大きさをある程度一定に知覚できるかを説明したものである（図2-1）。物理的世界の持つ情報には一定の秩序（**生態学的妥当性**）があり，人はその中から有益な情報を読み取り，重み付けをして判断することができる（**手がかりの利用**）ことから，**知覚の恒常性**が達成されると仮定している。ブルンスウィックは知覚を多くの混乱した手がかりの中から，環境の有用なイメージを取り出す試みであるとみなしていた（Gifford, 2002）。環境心理学研究では，この概念を援用し，人が環境の特徴から，直接観察できない環境の状況を知覚するまでの過程の説明モデルを提唱している。そのモデルでは，正確な環境知覚が行われるために2つの前提条件をもうけている。それは，①一連の物理的な特性が環境の隠れた特性や意味と一定の確率で結びついていること（生態学的妥当性），②人がそれらの特性を認識し，その環境の隠れた特性・意味との結びつきを読み取ることができること（手がかりの利用），である。そして，生態学的妥当性が存在し，手がかりの利用がうまく機能する場合に，環境の目に見えない特性の知覚は，変動する個人の主観的判断を超えた，一定の客観的正確さ（達成）を得ると説明される。ある研究（Craik & Appleyard, 1980）では，街区の犯罪発生率や住人の社会・経済的地位が，その街区に存在する住宅のタイプ・外見や空き地の数などと結びついており，実験参加者はその結びつきを推定できたことから，街区の視覚的特性から，環境の隠れた特性を読み取れるという過程が示されている。

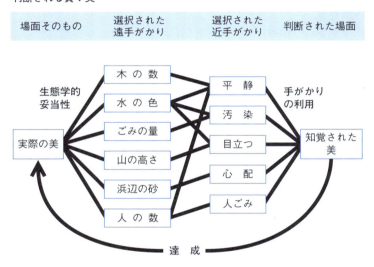

図 2-1 ブルンスウィックのレンズモデルの環境知覚への応用
(Gifford, 2002 より作成)

2-2 環境推論

　レンズモデルが示すように，人は環境の持つ物理的な特性，特に形態に対する直接的な知覚を行うだけではなく，その背後に存在する状況や意味の間接的な推論を行っている。この後者の過程は**環境推論**とよばれることがある（図2-2）。特に，所有者や利用者の特性が環境の特徴に反映され，その特徴の意味を第三者が読み取ることができるかどうかという研究が行われている。

　サダラら（1987）は住宅の外見と内装から住人の特性についての推論を研究しており，実験参加者による住人の性格評価の推定と住人自身の性格の自己評価との間に高い一致が見られたことを報告している。チェルニックとワイダーマン（1986）は19世紀に建てられた住宅とその住人の特性に対する現代人の推論を検討し，現代人が19世紀に建てられた住宅の建築的特徴から，その所有者の職業や社会的地位を推論できることを示している。同様にカンターとウールズ（1974）は居室から住人の性格が，ウィルソンとマッキンジー（2000）はリビングの特徴から住人の年齢，職業，経済状態，性格，趣味，生活態度などがある程度正確に推論できることを報告している。

　また，推論する上で何を手がかりにしているかという研究として，サダラとシート（1993）は住居に使われた建築素材（例：ブロック，レンガ，木板）から，その家に住む住人の性格や特性を推論できることを明らかにしている。住居以外を対象とした環境推論の研究は数が少ないが，チェルニック（1991）は，レストランの外見から，その性質や特徴を推論する研究も行い，外見からそのレストランで提供される食事の質，サービスの質，値段，雰囲気，顧客の傾向を正確に判断できることを明らかにしている。

2-2 環境推論

図 2-2　金網フェンスで囲まれた家

図は米国のある個人の家の写真である。この写真を見てなぜ金網をフェンスにしているのか推論できるだろうか。おそらく代表的な意見は，①金網のフェンスはあまり美しいものではないが，持ち主は少し変わった趣味を持っている，②金網をフェンスにすることは日本ではあまり見かけないので違和感があるが，米国では普通のことかもしれない，③金網のフェンスを使うなんてこの家の持ち主はお金に困っているのだろうか，といったものであろう。これらはすべて間違いである。本当の答えは防犯上の理由である。犯罪を防ぐために侵入者が隠れる死角を作らないために町中の家が見通しのよい金網をフェンスに使っているのである。このような方法になじみの薄い日本人がこの町を訪れたならば，この金網のフェンスの本当の意味は理解されず，不思議な，あまり高級ではない地域だという印象しか持たないだろう。しかし，米国人には，この町は防犯に取り組んではいるものの，治安が悪く，夜一人で歩いてはいけない危険な地域であることを正しく推論できる。

2-3 認知距離——心理物理学的関係

　頭の中にある環境のイメージ（表象）は**認知地図**とよばれる。認知地図を構成する重要な要素の一つに場所の間の距離がある。環境における実際の距離を物理距離というのに対して，認知地図における距離は**主観距離**，または**認知距離**とよばれる。また認知距離とは，記憶における距離や視野の中にない経路の距離の判断を示すものである。本来は視野の中にある距離の判断である**知覚距離**とは区別されるものであるが，研究によっては混同されていることもある。認知距離は人間の空間行動を理解する上でとても重要である。たとえば，人間は2つの地点が同じ魅力や効用を持つ場合には，近い距離の場所を選択するという行動の経済原則を持つが，この現象をよりよく説明するのは物理距離ではなく，認知距離である。また，このような認知距離は物理距離と必ずしも一致していないことが知られている（Cadwallader, 1979）。この不一致はでたらめに生じているわけではなく，一定の規則にしたがって物理距離と認知距離の間にはずれが生じる。

　そうしたずれをうむ要因の一つは心理物理学的関係である。**心理物理学**（精神物理学）とは物理量と感覚量の関係を，主に関数として表現することで検討する心理学の領域である。認知距離（y）を物理距離（x）で表現する関数として，いくつかの研究は1次関数（$y = a + bx$）を採用しているが，多くの研究ではベキ関数（$y = ax^b$）のほうがより当てはまりがよいとしている。これはスティーブンスの法則として知られるものであり，物理量が0の時に心理量が0になる点や刺激量の変化に伴う弁別閾の変化を説明できる点でも優れている。係数に関しては研究ごとに違いがあるが，全般的には近い距離は過大評価され，遠い距離は過小評価される

Topic 2-1　認知距離の人間の要因

　認知距離には，心理物理学的関係に加え，認知を行う人間の要因も影響を与えている。この人間の要因は，さらに個人の属性の要因と個人と環境の相互作用の要因に分類することができる。

　個人の属性の要因としては，①性別：一般的に男性は女性よりも正確である（Canter & Tagg, 1975；Cohen & Weatherford, 1980；Lee, 1970），②社会的地位：特に開発途上国においては，社会的地位の高い者は地位の低い者よりも正確という傾向が知られている（Appleyard, 1976），③年齢：年齢が上がるにつれて正確さは増加する（Cohen & Weatherford, 1980, 1981；Cohen & Sherman, 1978）などが挙げられる。

　また，環境と個人の相互作用の効果としては，個人がその環境での経験を積み熟知性が高まると，認知距離が正確になることが知られている（Allen et al., 1978；Briggs, 1973；Lundberg, 1973；Nasar et al., 1985）。

　上の個人の要因のほとんどは，実はこの経験の要因によって説明できる。性別に関しては男性のほうが社会的役割のための行動の機会が多く，また行動範囲が広いため，環境を経験する機会が豊富という傾向がある。社会的地位に関しては，地位が高い方が移動の手段，特に車を利用しやすい。公共交通手段が限定される開発途上国ではこの傾向が顕著である。年齢に関しては年齢につれて環境の経験を積む（もちろん能力も発達する）からである。したがって，認知距離に影響を与える人間内の要因の主たるものは，その環境における経験の量ということになるだろう。

傾向があるため，ベキ関数における b は1以下になることが多い。

2-4　認知距離——物理的要因

　個人の要因と個人と環境の相互作用の要因（**Topic 2-1**）に加えて，認知距離に影響を与えるもう一つの重要な要因は，環境の**物理的特性**である（**図2-3**）。これまでの研究で見出されてきた特性としては，①推定される通路の持つ曲がり角の数（多いほど長く推定される）（Sadalla & Staplin, 1980a；Herman et al., 1986；Staplin & Sadalla, 1981），②交差する道路の数（多いほど長く推定される）（Sadalla & Staplin, 1980b；Thorndyke, 1981），③推定される通路の持っている視覚的情報量（多いほど長く推定される。たとえば，同じ距離であれば，道筋に何もない郊外の道よりも，看板やショーウィンドーのたくさんある繁華街の道のほうが距離は長く推定される）（Sadalla et al., 1979；Staplin & Sadalla, 1981），④坂道・階段（上り・下りとも長く推定される）（Okabe et al., 1986；Hanyu & Itsukushima, 1995），⑤目的地の視認性（目的地が評定地点から見えている場合と比較して，目的地が見えない場合に，認知距離は長く推定される）（Nasar, 1985；Cohen & Weatherford, 1980），⑥都市の中心地への方向（都市の周辺から中心に向かって評定するほうが，中心から周辺へ評定するよりも長く推定されるという研究（Briggs, 1973；Golledge & Zannaras, 1973）と，そのまったく反対の結果を示す研究（Lee, 1970）がある）などが挙げられる。

2-5　認知距離の理論

　このような環境の特性が認知距離にどのような影響を与えるか

2-5 認知距離の理論

図2-3 距離が過大推定される傾向にある坂道（上）と視覚的情報量の多い道（下）の例

を説明するために，以下のような理論が提唱されてきた。

情報貯蔵仮説によれば認知距離はその経路が保持している情報の量を反映し，情報を多く持つ経路は，情報の少ない経路よりも，長く推定されるとされる。この仮説は「曲がり角の数」「交差する道路の数」「道路の持つ視覚的情報量」の影響を説明できる。曲がり角や交差する道路は一種の情報と考えられるし，視覚的情報量は情報そのものである。そして，距離を推定するために保持された記憶から経路を再生する時に，情報の多い経路のほうが，少ない経路よりも再生される情報の量に応じて処理時間がかかる。認知距離はこの再生時間の長さに比例するとされる（Milgram, 1973）（図2-4）。

労力仮説によれば経路の移動に身体的・心理的労力がかかる（または，かかると予測される）ほど，長く推定される。坂や階段を上ることは，平地と比べて身体的に大きな負担がかかるし，下りは身体的な負担に加えて，多くの注意を必要とする。このように身体的，心理的な労力を必要とする経路は，必要としない経路よりも，長く推定されると説明される（Cohen & Weatherford, 1981）。

報酬仮説によれば目的地が魅力的であるほど，そこへの認知距離は相対的に短くなるとされる。つまり物理的な特性のほかに情緒的な要因も認知距離に影響を与えるということで，実際に距離が同じ場合には，魅力を感じている場所（Pocock & Hudson, 1978）や好きな場所（Smith, 1984）までの距離は，魅力がない場所や嫌いな場所までの距離と比べて，過小評価される傾向が報告されている。報酬仮説によれば，満足度という報酬をもたらす地点は，場所全体のスキーマの焦点となり，その方向への認知距

図 2-4　階段の認知距離

階段の距離は過大推定される傾向があるが、それは階段には視覚的情報が多いため「情報貯蔵仮説」でも説明できるし、上り下りには心理的、身体的負荷が大きいため、「労力仮説」でも説明できる。また、踊り場がある場合には、目的地の視認性も悪いので、それも過大推定の一因と考えられる。しかし、どの仮説がより有力かはまだ明らかにされていない。

離を短縮するとされる（Lee, 1970）。

　これらの理論はいずれが正しいというものではなく，認知距離の持つさまざまな側面をそれぞれ反映したものであると考えられる。

2-6　認知地図

　認知地図の研究の直接的な源流は新行動主義の心理学者であるトールマン（1948）と都市計画家のリンチ（1960）の研究である。トールマンはネズミの迷路学習の研究において，報酬にいたる経路を学習したネズミが，その経路がふさがれてしまった場合に，報酬がある方向の，それまで用いたことのない別の経路を選択するという行動を見出した。このことから，ネズミは経路において，どの角をどちらに曲がるのかのみを学習しているのではなく（反応学習），出発地点と目的地を含む空間全体をも学習している（場所学習）と考えた。そして，この学習された空間（空間の表象）をトールマンは認知地図と名づけた。トールマンが提唱した認知地図の概念を現実の環境における人間の認知地図へと広げたのはリンチの**都市のイメージ**の研究であった。

　リンチは米国の3つの都市，ボストン，ニュージャージー，ロサンジェルスの住人を対象にして，インタビューと住んでいる都市を描いてもらうという方法（**スケッチマップ法**）による調査を行った。そして，住民の間で共通するそれぞれの都市のイメージを抽出し，イメージを構成する共通の要素や都市の構造がイメージに与える影響を明らかにした。彼の研究は，都市の構造の違いにより，イメージしやすい都市とイメージしにくい都市があることや，都市を経験する側の人間の属性や，経験の質と量の違いが

Topic 2-2　認知地図の構造

　認知地図が地理的な地図のようなものかどうかということについては議論がある。一つの説によれば，認知地図は心像イメージの構造を持っており，つまり地図のようなアナログ的表象であるとされる（Kosslyn, 1980, 1983）。もう一つの説によれば，認知地図は命題的，つまり意味的な表象であるとされる（Pylyshyn, 1973, 1981）。

　スケッチマップとして描かれた認知地図が地理的な地図とよく似た特徴を持つことは，空間的な表象が視覚的イメージの要素を持っているからであろう。

　ところで「東京はローマ（イタリア）よりも北にある」という命題は正しいだろうか。これは不正解であるが，多くの人は間違えたのではないだろうか。それは，東京は日本の中では中心にあり，ローマはヨーロッパの中では最南端のほうに位置するため，「南のローマ」よりも「中心の東京」は北にあるという判断をするためである。しかし，ヨーロッパのほとんどの地域は日本よりも北に位置しているため，実際にはローマは東京よりもかなり北に位置している。このように，空間的な位置の判断においては，その位置が含まれる上位単位の地域同士の関係が影響を与え，そこに矛盾がある場合には，多くの人が相対的な地理的関係を判断するのに誤りを犯すことがある。この結果は，空間表象としての認知地図は心像イメージというよりも意味的に保存された命題的表象であるということを示しており，同時に階層的な構造を持っているということを示している。

　つまり，認知地図は心像イメージと命題的内容の両方の要素を持っていると考えるほうがよいだろう。

個人ごとの認知地図に影響を与えることを明らかにしている。

このリンチの研究は，人間の認知地図の研究の重要性を示しただけではなく，認知地図に関係する用語や研究法に関しても，その後の環境認知研究に決定的な影響を与えた。

2-7 認知地図の精度

スケッチマップとして描かれた認知地図が地理的な地図とよく似た特徴を持つのは，認知地図が心像イメージの要素を持っているという点に加えて，認知地図が環境における直接的な経験からだけではなく，地図を用いることによる間接経験から学習されるためであることが知られている。このような地図の記憶が，認知地図の描画表現に影響を与えているのである。また，地図から環境を学習した人のほうが，その地域を実際に詳しく移動した人よりも，包括的な表象を持つ傾向がある（Moeser, 1988）。

環境の経験がそれほど多くない場合には，地図から学習した認知地図のほうが，実際の移動で獲得された認知地図よりも相対的な位置の推定や直線距離の推定において優れていたが，経路距離の推定においては直接獲得された表象のほうが優れていた。しかし，経験の程度があがると，この間接的表象の優位性は失われた（Thorndyke & Hayes-Roth, 1982）。

認知地図には実際には存在しない要素が含まれることがある。アップルヤードのベネズエラの都市の研究（Appleyard, 1970）では，ヨーロッパの技術者の認知地図に，実在しない線路が描かれていたが，それは彼が知識と経験から鉄鉱石採石所と精製所の間は鉄道で結ばれていることを予測したからであった。すでに述べたローマと東京の位置の関係の誤り（Topic 2-2）も，推論の誤

Topic 2-3　アクションプラン

　認知地図は何のためにあるのだろうか。それは環境の中での位置を確認し，迷わずに行動するためである。環境の中で位置を確認することは**定位（オリエンテーション）**とよばれ，環境の中で自らの進路を導いていくことは**経路決定（ウェイファインディング）**とよばれる。

　それでは人はどのようにして経路決定をするのだろうか。まず経路決定には目標があり，その目標を達成するための目的地を決定し，その目的地を認知地図の中で発見する必要がある。次にその目的地にいたるまでの経路を認知地図上で決定し，最後に歩行や自動車の利用などの移動の手段を決定する必要がある。このように，認知地図を用いて目的を果たすための目的地までの経路決定をする過程は**アクションプラン**とよばれている（Gärling et al., 1984）。

　このアクションプランの概念は環境認知が目的や意思決定の過程と深く関係していることを示唆している。つまり，われわれの環境に対する認知地図はその環境で行おうとしている目的や計画によって変化するということである。

　たとえば，そこで待ち合わせをしようとして部屋に入ってきた者と，そこから何かを持ち出そうと探しに来た者では，同じ部屋に対してまったく違う認知地図を持つだろう。そして，異なるアクションプランを持つ個人の行動は，異なる空間情報を獲得させ，さらに違った認知地図を作成させていくことになるだろう。

りと見なすことができるだろう。このような推論は直接的には経験できない環境や経験していない環境の認知地図に関しても常に行われており，多くの場合には一般的な知識からの類推や合理的な推論によって正しい判断が行われ，認知地図の空白部を埋めている。

2-8 都市のイメージの構成要素

　都市のイメージの研究から，リンチ（1960）は，都市の認知地図を構成する物理的要素を5つのカテゴリーに分類している（図2-5）。

1. パス（経路）……**パス**とは，人々が移動のために使う歩道や自動車道路，鉄道などの通路のことである。人々は移動しながら場所を経験していくため，パスは認知地図の支配的な構成要素である。

2. エッジ（縁）……**エッジ**とは，場所の連続をさえぎる連続した線状の要素である。たとえば，川，海岸，崖，または塀や大きな建物の壁面などがエッジである。エッジには次に述べるディストリクトの範囲を限定したり，範囲の理解を助ける働きがある。

3. ディストリクト（地域）……**ディストリクト**とは，一定の広がりを持つ地域である。その範囲に含まれる地域には何らかの共通する特徴があり，他の地域とは区別できる必要がある。

4. ノード（結束点）……**ノード**とは環境における主要な結束点・地点のことである。人々がその中で活動を行う，場所における焦点である。複数のパスが集中する交差点や，ディストリクトの象徴となる広場などがノードの役割を果たすことが多い。

5. ランドマーク（目印）……**ランドマーク**もまた点状の要素で

2-8 都市のイメージの構成要素

エッジ
鉄道は移送手段であるが，線路自体はエッジになる。

ノード
主要駅の駅前広場は典型的なノードである。

ディストリクト
類似した業種が集まる地区は典型的なディストリクトになる。

パスとランドマーク
パスとその先に見えるランドマーク。高いだけではなく個性的なビルはランドマークとしての機能が高い。

図2-5　都市のイメージの構成要素

あるが，ノードと違う点はその中で活動が行われるのではなく，離れた場所から見ることで，場所と方向を定位する上で役に立つということである。景観を構成する要素の中で視覚的に顕著で目立つもの，多くの場所から見えるものなどがランドマークとしての働きを持つ。

2-9 イメージャビリティ

リンチは都市の認知地図の研究から，都市にはイメージしやすい認知地図を作り出すためのわかりやすさ（**イメージャビリティ**）が必要であると主張した。構造のわかりやすい都市では，イメージしやすい認知地図を用いて，簡単に自分が現在いる場所を理解（定位）し，目的地までの経路を決めることができる。反対に構造のわかりにくい都市では場所や経路を判断することは大変で，苦しい作業になる。道に迷うという経験の不快さや不安は多くの者が経験していることだろう。このように，わかりにくい構造を持つ都市で活動することは非常に不快な経験や負担をもたらすために，わかりやすい構造は都市環境にとって重要なことである。

都市のわかりやすさを決める要素としては，パスの構成とランドマークの配置が重要な働きをしている。したがって適当な位置に存在する目立つランドマークと，理解しやすく覚えやすい道路網をデザインすることが都市計画において重要である。こうして，リンチの都市のイメージの研究は環境心理学だけでなく，都市計画に対しても，人間の心理的要素の重要性を示したという大きな実務的貢献をしている。

槙（2004）はメディナ（北アフリカにある旧市街の総称）や日

Topic 2-4　迷うことが楽しい街

　槙（2004）は迷うことが楽しい街の例としてザルツブルグ旧市街とヴェネチアを挙げている。その理由としてザルツブルグは山と川の間に狭く広がり，中心をメインストリートが走る単純な構造をしている。ヴェネチアは運河と海に囲まれ範囲が限定されており，S字状の運河に沿ってメインストリートが延びている。そのため迷っても必ずメインストリートに出られるという感覚や川や運河沿いにおける位置の確認のしやすさが安心感を生むとしている。

　ところで東京はわかりやすい都市，「迷うことが楽しい街」だろうか。東京の都心部は複雑な構造を持っており，仕事や待ち合わせで急いで目的地にたどり着きたいと思っているときに，道がわかりにくいと感じることや，多少迷ったことなど，不快な経験をしたことがある人も多いかもしれない。しかし，観光でゆっくりと街を見て回ることを考えてきた場合には，東京都心部は多くの目立つランドマークやスポット（ノード）を持った個性的なディストリクトが，比較的歩きやすい変化に富んだ広いパスで結ばれている。そのため地域を限定する周りを囲むエッジにこそ乏しいものの，比較的わかりやすい都市，「迷うことが楽しい街」ではないだろうか。また，わかりやすさの評価は，都市の利用・移動の目的によっても変化するようである。

図 2-6　東京は「迷うことが楽しい街」といえるだろうか？

本の城下町のように同じような風景が連続し，行き止まりが多い街では迷い込んだ感覚が生まれやすく，一方で，単純なグリッド状の都市（たとえばバルセロナや札幌）も，変化に乏しいことが多いことから，住居表示に依存して移動することになるため，わかりやすいという感覚は薄いと指摘している。そして，その中間に，安心して迷うことができる構造を持つ「迷うことが楽しい街」があると主張している（**Topic 2-4**）。

2-10 認知地図の発達

シムヤキン（1962）は子どもの認知地図はルートマップ型からサーベイマップ型へと発達していくと仮定している。**ルートマップ型**とは「ある領域を移動する際のルートを心的に跡付ける事で構成される表象」であり，**サーベイマップ型**とは「空間的対象の相互作用についての一般的配列，あるいは図式の表象」である。

ハートとムーア（1973）はピアジェの認知能力の発達段階に対応する，空間参照系の発達モデルを提唱している。このモデルによれば子どもの空間参照系の発達は次のような段階をたどるとされる。

1. **自己中心的参照系**……ピアジェの「感覚運動期」に対応する段階で，空間内の事象を位置づけるシステムとして自分自身の身体を参照系にする。身体の方向や向きが変化するとこの参照系は空間認知に役立たなくなる。
2. **固定的参照系**……ピアジェの「前操作期」に対応する段階で，環境内の固定された要素であるランドマークを手がかりに，自分自身の位置や方位を定位する参照系を用いる。ランドマークを中

Topic 2-5　認知地図の形成におけるパスとランドマークの役割

　認知地図を獲得する過程の研究は，子どもの発達的研究に加えて，成人が新しい環境に移行した際にどのように認知地図を形成していくかに関しても数多く検討されている。

1. ランドマークからパス

　シーゲルとホワイト（1975）とハートとムーア（1973）は，成人の新環境における認知地図の構成について，ランドマークが最初に獲得され，それを結ぶ形でパスが獲得されていくというモデルを提唱している。①まず，ランドマーク（駅や特徴のある地形など）が確認され記憶される。②次に，ランドマークを参照点として利用できるようになると，ランドマークを結ぶ形でルートが形成される。③続いて，いくつものルートが獲得され，ルートが空間規則の知識をあてはめながら統合されていく。④最終的には，複数の空間関係が包括的に認知され，環境のサーベイマップ的利用が可能になる。

2. パスからランドマーク

　これに対して，アップルヤード（1976）とリンチ（1960）は，パスが優勢である認知地図の獲得モデルを提唱している。①住み始めて1年以下の住人の認知地図は，パスが支配的である。②1年以上経つと，ランドマークやディスクリクトが支配的になる。

　これらの仮説の違いは対象となる環境の物理的な構造の違いによる点も大きい。たとえばランドマークが顕著な環境においてはランドマークの獲得が促進されるし，適切なランドマークが利用できない環境では，パスの獲得が促進される（Evans, 1980）。また個人差も存在する（Appleyard, 1970）。

心とした部分的な空間を断片的に認知し，全体をまとまりとして統合する事ができないルートマップ型の認知地図を持つ。

3. 抽象的参照系……ピアジェの「具体的操作期」に相当する段階。座標系を割り当てる事で空間を全体的，包括的に認知できる参照系を用いて，サーベイマップ型の認知地図を構成することが可能になる。また，状況に応じて複数の参照系を状況に応じて使い分けたり，同時に使用したりすることができるようになる。

2-11 YAHマップ

認知地図が不完全な環境において経路決定（Topic 2-3）を行うためには地図は不可欠である。地図の一種に，街角や建物の中にあり周辺地域や目的地を示した地図，案内図がある。この案内図を英語ではYAH（You-Are-Here）マップとよぶが，これは案内図の中に自分がどこにいるかを示す記号とともに「You are Here（あなたはここ）」の指示が書かれていることに由来している。この案内図にはわかりやすいものとわかりにくいものがあるが，YAHマップ研究（Levine, 1982；Levine, 1984）はわかりやすい案内図に必要な条件として，以下のような特徴を明らかにしている。

1. 自分がどこにいるかが分かる。

2. 地図上の地点と環境を一致させるための必要最低限の情報が載っている。そのためには①実際の環境と地図の情報の2点が対応しなければならない。また，②現実の環境に示された言語的情報を地図の中に示すことは地図を読み取る有効な手段になる。たとえば看板の内容や部屋の番号が地図の上に示されていれば地図は読みやすくなる。

2-11 YAHマップ

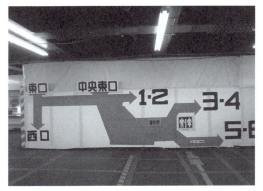

図2-7 駅の中にある地図

都市のターミナル駅は非常に大きな建築であり，また増改築を繰り返していることも多く，非常に複雑な構造になっていることが多い．そこでは，多くの人が自分の目的地を求めて地図を眺めている．しかし，既存の地図から目的地までの経路を理解することは容易ではない．しかし，下の図のような地図であれば誰でも簡単に理解できるだろう．これは工事中に示されていた一時的な地図だが，非常に優れたYAHマップである．

3. 方向があっている。そのため，①方角が一致している，または②上が前になっている，ことが必要である。

　このようなYAHマップの研究は人間の環境認知のメカニズムの理解に役立つと同時に，環境心理学の知見を現実の問題の解決へと提言するという2つの面で重要である。

　日本における案内図には，このような注意が払われていないものが多い（図2-7）。建物内や道路の方向指示も含めて，本当に利用者の役に立つかどうかではなく，ただ「条例などで要求されているから付けました」というようなものが多すぎるように思われる。

参考図書

リンチ，K. 丹下健三・富田玲子（訳）(1968)．都市のイメージ　岩波書店

　都市計画あるいは広く工学の研究領域に，イメージという心理的な要素の必要性を広く知らしめただけでなく，実質的に環境心理学が成立する最大のきっかけの一つとなった研究。今では完全に古典となっているが，リンチの主張の多くは今でも説得力を持っている。

ダウンズ，R. M.・ステア，D.（編）吉武泰水（監訳）(1976)．環境の空間的イメージ　鹿島出版会

　環境認知という研究領域を確立した本であり，環境心理学の研究においてこれまで最も引用件数が多い文献の一つ。また環境認知の研究が成立する上で，地理学の役割が非常に大きかったことも理解させてくれる。

岡本耕平 (2000)．都市空間における認知と行動　古今書院

　行動地理学者による環境認知と行動に関する総合的な研究書。その

歴史的経緯から考えても，環境認知研究においては地理学の研究に学ぶことは多い。

Gärling, T., & Evans, G. W. (Eds.) (1989). *Environment, cognition, and action*. Oxford Press.

　環境認知と行動に関する研究・理論を集めた専門書。この領域を代表する執筆者がそろっており，また内容も多岐に渡っている。現在最も翻訳が望まれる環境心理学の専門書の一冊。

環境の評価

　環境心理学では環境の評価を大きく2つに分けている。一つは,個人の環境に対する反応であり,もう一つは,ある環境がどのくらい優れているかの性能評価である。個人の環境に対する反応は,主観的で多くの個人差を含んでいる評価だが,特定の環境の性能は多くの個人に納得できる客観的評価であることが望まれる。前者の個人の反応を「環境評価(environmental appraisal)」,後者の環境の性能評価を「環境査定(environmental assessment)」とよび分ける場合もある。

　「環境査定」に関しては次章で扱うこととし,この章では前者の個人の環境に対する反応としての「環境評価」について説明する。しかし,その前に環境評価の種類に関する全体的な枠組みを紹介し,次いで刺激としての環境への反応,生理的反応,そして進化論的な反応について紹介する。

3-1 環境評価のパラダイム

　環境心理学における環境評価には，主観的なものから客観的なものまでの幅があるが，その**パラダイム（方法論）**によっても分類することができる。ズービら（1982）は，景観評価には次の4つのパラダイムがあるとしている。これらのパラダイムは環境評価一般にもそのまま当てはまる。

1. 専門家（expert）パラダイム……**専門家パラダイム**とは，環境や関係諸領域の専門家や訓練を受けた評価者による評定である。このパラダイムにおいては，訓練や専門教育を受けた専門家は，一般人よりも，正確で信頼性の高い環境評価ができると仮定し，たとえ一般人の選好や判断と一致しなくても，専門家のほうが正しい判断ができるとみなす。このパラダイムでは，環境には客観的に測定可能な価値や質というものが存在していると仮定し，評価はしばしば標準化された評価項目に基づいて行われる。測定されるものは，性能評価，価値，審美性（美）などである。

2. 心理物理的（psycho-physical）パラダイム……**心理物理的パラダイム**では，環境の特性に対する評価者の反応を環境の評価とする。つまり，刺激－反応（S-R）理論に基づいている。そして環境の価値とは刺激としての特性と考えられ，それは評価者とは独立に存在すると仮定される。評価者は専門家ではなく，その環境を享受するグループ，つまり多くの場合には一般人が評価を行う。また，このパラダイムでは環境の特性が強調され，評価者は受動的にそれに反応するとみなされる傾向がある。測定されるものは主に，選好（好み）や審美性（美）である。

3. 認知的（cognitive）パラダイム……**認知的パラダイム**においては，環境評価を環境という刺激に対する評価者の受動的な反応

Topic 3-1　景観緑三法

　これまでの日本では，行政や法律が景観や風景に関与することは極めて少なく，景観は個人の自由な活動の結果としてのみ形成されてきた。その結果，仮に部分部分は美しくデザインされていたとしても，総体としては無秩序な景観が多く形成されてきており，目立つことを目的とした看板や奇抜なデザインが氾濫している。また，景観よりも機能性や経済性を重視するという判断も多くなされてきた。たとえば，図3-1は東京を代表する名所といえる日本橋の写真だが，上に覆いかかった高速道路がひどい景観を生み出している。一方で，多くの先進国の都市では，以前より景観は都市の財産，特に観光資源であるという認識があり，建物の外見を作り変えることを法律で制限している。図3-2は，古い建物の外見を変えずに，機能を新しくするために，ファサード（建物の正面部）を残して改築をしているところである。日本でもようやく2005年6月1日より景観緑三法（景観法・景観法の施行に伴う関係法律の整備等に関する法律・都市緑地保全法等の一部を改正する法律）が施行された。

図3-1　日本橋の景観

図3-2　カナダ・バンクーバーの景観

とみなすのではなく，環境の中から情報を選択し，過去の経験や目的を踏まえてその情報を処理し，意味や価値を見出す過程と考える。つまり，専門家パラダイムや心理物理的パラダイムで前提とされているように，環境の評価は評価者とは独立に存在するのではなく，個人との相互作用（interaction）によって決定されると仮定される。このパラダイムでは，何が評価されるのかではなく，なぜそれが評価されるのかを追究する傾向にあり，人間の環境を評価するメカニズムを重視する。測定されるものには選好や審美性に加えて，不安，ストレスなど個人的要素の強いものも含まれる。

4. 経験（experiental）パラダイム……経験パラダイムの「経験」とは，現象学的な意味での「環境の経験」をさしており，環境の中で行動しながら環境を経験し，その行動が環境を変化させていく過程を示している。したがって，経験パラダイムでは，環境の経験における人間－環境システムの理解と，その結果の理解に焦点が当てられる。

　このパラダイムでは環境評価を相互交流・浸透（transaction）という不可分なシステムの働きにより生み出されると仮定するため，評価者は環境に受動的に反応するのではなく，環境に積極的に関与し，経験すると仮定される。そして，そのような具体的な経験の中から，個人におけるその環境の価値や意味を評価する。つまり，経験パラダイムにおける環境の価値とは，一人の個人と特定の環境のかかわり合いの中から生み出されるものである。そのため，測定されるものは，意味，ノスタルジー，愛着などの評価者個人に限定されるものが中心である。

Topic 3-2　写真を使った評価

　環境心理学の研究では，写真を使用して景観や建物を評価することがよく行われている。その結果は実際の景観や建物の評価と同じなのであろうか。多くの研究（たとえばDaniel & Meitner, 2001；Kellomaki & Savolainen, 1984；Shuttleworth, 1980）が，視覚的な情報に対する反応に関しては，実際の場所において直接評価した場合と写真を評価した場合とでは大差がないことを示している。しかし，写真からは，視覚以外の情報は伝わらない。したがって，現地の環境における音，温度・湿度，さらには経験パラダイムの評価対象である「その場における経験」などを写真から評価してもらうことは困難であろう。

　一方で写真を評価対象にする利点も存在する。実際の環境，特に屋外の環境は一定ではない。季節，天候，太陽の位置などによって，同じ地点の環境は常に変化を続けている。したがって，現地で評価をしてもらう場合には，よほど注意をしないとすべての評価者に同一の対象を評価してもらうことは難しい。その点，写真であれば評価対象は常に一定である。もちろん，写真であれば現地まで移動する時間を節約できるし，異なる季節や時間帯の環境を評価してもらうことも可能である。さらに，合成写真，あるいは精密なイラストを用いて，現実には存在しない環境を評価すること，たとえば，ある場所に何種類かの建物を建てた場合に，それぞれ評価がどのように変わるかといったことを検討することも可能である。

　今後環境シミュレーターが発達し，視覚情報を3次元で，さらに視覚以外の情報も提供できるようになれば，現場の評価と写真の双方の利点を備えた，提示メディアになるかもしれない。

3-2 環境評価の基礎次元

環境を評価する際に，人間は1つの次元や基準ではなく，複数の次元や基準に基づいて評価を行っている。その評価次元には個人差があるものの，いくつかの共通した次元があると考えられている。評価における基本的な次元としては，オズグッドらのEPA（評価性，力量性，活動性）の3次元が有名だが，環境評価においては，あまり適切ではないことがわかっている。

環境評価に関しては，ラッセルら（1981）が多くの感情的・情動的な環境評価項目を用いて環境評価を行ったデータに因子分析を行い，多くの環境に共通する感情的・情動的な評価の基本次元として，好ましさ（pleasant）と覚醒（arousal）の2次元を抽出している。この2次元は独立しているため，この2次元の正負の組合せは，さらにエキサイティング（exciting），リラックス（relaxed），ストレス（distress），退屈（boring）という4つの基本的な状態を作り出す（図3-3）。この4つの状態は，新たな2つの次元の両端にあると考えることができるため，4つの基本的な次元があると考えることもできる。これらの次元は現在，環境心理学において最も広く受け入れられているものである。

また，興奮の次元にほぼ対応するもので，生理的な興奮を伴わない興味（interest）も基本的評価次元とする場合がある。さらにストレス・嫌悪の一種であるが，犯罪に対する反応などをより適切に限定するために不安を基本的な評価次元として加える場合もある。すでに前節（3-1）で紹介したように客観性の強い評価（優劣）と主観性の強い好み（選好）を区別する考え方もある（Topic 3-3）。

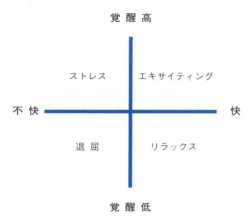

図3-3 ラッセルらの環境評価の2次元

Topic 3-3　環境評価における環境の要因と人間の要因

　環境の感情的・情動的評価は，主として環境の特性を反映したものだが，評価する人間の側の要因によっても変化する。そこには性格や感受性などの個人差も大きく影響するが，評価時の個人の覚醒水準の影響が非常に大きい。適正な水準よりも覚醒水準が高い場合（たとえば何時間も勉強した後）には，覚醒を下げてくれる環境（たとえば静かな公園）はリラックスする環境と評価される傾向があるが，適正な水準よりも覚醒水準が低い場合には（たとえば一人きりの休日の午後）には，同じ覚醒を下げる環境は退屈と評価される傾向がある。したがって，環境の感情的・情動的評価は，評価者の特性・状態を反映した評価でもある。

3-3 2次元温冷感モデル

　気温を表す言葉に「寒暑涼暖」がある。普通は「暑い」は「暖かい」よりも気温が高い状態を，「寒い」は「涼しい」よりも低い状態をさすと考えられる。しかし，久野（1996）は「暑，寒」と「暖，涼」には含まれている感覚・感情の質に違いがあるとした**2次元温冷感モデル**を提唱している（**図3-4**）。

　そこでは，身体の温度と気温の組合せが「寒暑涼暖」の感覚を生み出すとしている。①身体が熱い状態で気温が高い場合には「暑い」と感じ，②身体が熱い状態で気温が低い場合には「涼しい」と，③身体が冷たい状態で気温が高い場合には「暖かい」と，④身体が冷たい状態で気温が低いときには「寒い」と感じる。つまり，「暖かい」と「涼しい」は，単に「暑い」や「寒い」の程度が弱まった状況ではなく，身体の状態にとって望ましい温度変化をもたらしてくれる状態を意味しており，それは快感情（**プレザントネス**）を引き起こす。反対に，「暑い」「寒い」は身体の温度状態を改善しない，あるいは悪化させる不快な状態を意味する。

　身体の温度と気温が共に適当な範囲にある場合には快を感じないが，不快も感じない。こうした不快のない状態は**コンフォート**とよばれ，プレザントネスとは区別される。

　外界から空調のある部屋に入ったときの暖かさや涼しさは，時間が経つにつれて身体の温度の変化と共に失われて，意識されなくなる（コンフォートな状態）か，適切でない室温であれば暑さや寒さを感じるようになる（不快な状態）。したがって，プレザントな状態は持続しない。気温に限らず環境の状態というものは，適切であれば，順応などにより時間の経過と共に意識されなくなる。つまり，プレザントな環境が理想の状態であるとは限らず，

3-3 2次元温冷感モデル

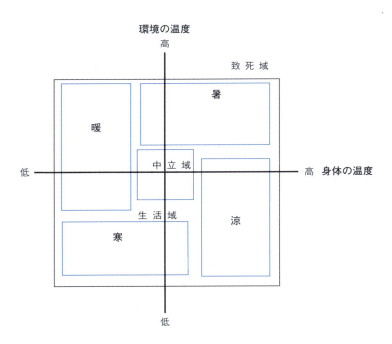

図 3-4 2次元温冷感モデルの図（久野, 1996）

縦軸が環境の温度，横軸が身体の温度を表す。中心の小さな四角はどちらも最適な温度にあることを示す中立域であり，その外の四角は人間が生存可能な状態の生活域で，その外側は生存できない致死域となる。そして，環境状態と身体の温度の組合せでどちらかが最適な温度にない場合に「寒暑涼暖」のいずれかの感覚が生じることを示している。

多くの場合にはコンフォートな環境が目指すべき環境となる。

3-4　対比の特性と覚醒モデル

バーライン（1960）の**対比の特性**と**覚醒モデル**は，環境の特性と評価の関係の理論である。この理論では，環境が生み出す覚醒（興奮）の水準が美的判断と関係しているとし，覚醒を上昇させる環境の要因として，対比の特性に注目する。対比の特性とは，環境の中に存在する見るものに注意を払わせ，比較を促す性質であり，不調和，新奇性，驚き，複雑性が含まれる。

不調和とは互いに馴染まないものが同時に示されることで，刺激間や刺激と文脈の間の葛藤を意味している（図3-5）。新奇性とは，新しいモノに出会った経験をもたらすもので，それまでに経験しているモノと現在出会っているモノに差異があることを意味している。驚きは新奇性に似ているが，違いは，新奇性のようにこれまでに見たことがないモノではなく，これまでに経験したことがあっても期待していたモノと違った場合に直面する経験をもたらす。つまり期待と実際の刺激の葛藤を意味している。複雑さとは，多くの不確実性を持つことを示しており，実際には多くの独立した要素・情報の存在を意味することが多い。このような，環境における存在の文脈や先行経験との葛藤や不確実性が覚醒を生み出すとされる。

そして，この理論によれば覚醒と美的判断は逆U字型の関係にあるとされる（図3-6）。したがって，覚醒が低すぎても，高すぎても快楽値は下がってしまい，最高の美的判断，つまり美しさは中間的な覚醒水準の時にもたらされると仮説される。これまでの研究では，このモデルが人工環境には比較的よく当てはまるこ

図 3-5 景観における調和

調和とはそれぞれの要素の間に何か共通性があり、全体が 1 つにまとまっていることである。左の写真の景観は調和が高く、右の写真の景観は調和が低い。

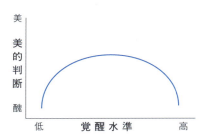

図 3-6 覚醒水準と美的判断の逆 U 字関係

適当な覚醒水準をもたらす環境が一番美しいと判断される。そして、その時点で覚醒水準が低い（例：退屈している・寝ぼけている）個人は覚醒水準を高めてくれる環境を求め、覚醒水準が高い（例：興奮している・神経が疲れている）個人は覚醒水準を下げてくれる環境を求める傾向があることでもある。

とを示してきた。しかし，自然環境にはあまり当てはまらない。それは，どんな環境でも実現できる人工環境とは違い，過度の葛藤や不確実性を生み出すような複雑な自然環境はそもそも存在しないからともいわれている（Kaplan et al., 1972）。

3-5 環境評価における生態学的モデル

進化論的観点（9-1参照）に基づく環境評価の生態学的モデルとして，2つの有力な仮説が提唱されている。その一つはアップルトン（1975）の見晴らし・隠れ家理論である。この理論によれば，人間は「周辺の見晴らしのよさ」と「敵からの隠れ家」を与えてくれる（アフォードしてくれる。4-5参照）環境を好む。つまり，敵からこちらは見えないが，こちらからは敵が見える場所が一番安心できる場所であり，好まれる場所となる。こうした場所が，進化の過程の，そして現在の人間にとって物理的にも，心理的にも重要であることは明らかであろう（窓のない部屋が，どれほど不快で不安な場所かを考えてみてほしい）。

カプラン夫妻（1982）も，進化論的観点から環境への好みに関して仮説を立てている。カプラン夫妻によれば，進化の過程において人間にとって状況を理解・把握しやすい環境は，安全で，生存に有利であったために好まれるようになったとされる（理解）。また，人間には新しい資源や情報を得るために，新しい環境に関与し，探求したいという欲求を持つようになったとされる（関与）。この2つの特性を，それぞれ現在の状況（現在・目の前）と将来の可能性（可能性・予測）に当てはめることで4つの好まれる環境の要因がもたらされる（表3-1）。

1. **凝集性**は，周辺の情報の把握を容易にしてくれる。

表 3-1　カプラン夫妻の環境選好マトリックス
（Kaplan & Kaplan, 1982）

	理　解	関　与
現在・目の前	凝集性	複雑さ
可能性・予測	わかりやすさ	ミステリー

図 3-7　ミステリーのある景観

こうした状況では，先は見通せないが，確実に道は続いており，先に進めば，新しい情報や資源に出会える可能性を示唆してくれる。ミステリーとは好奇心を喚起してくれる状況とも言えるだろう。

2. **わかりやすさ**は，環境内での定位を助け，移動を効率的にしてくれる。
3. **複雑さ**は，周辺に情報が存在することを意味している。
4. **ミステリー**は，新しい情報や有益な資源の存在を期待させる。しかし，ミステリーを持つ環境は同時に不安を喚起することの多い環境でもある。したがって，ミステリーを感じるためには，安全が確保されていることも重要である（図3-7）。

3-6 プロトタイプと環境への評価

　認知的処理に注目し，評価対象のプロトタイプが評価に影響を与えるとする環境評価のモデルがある。**プロトタイプ**とは，カテゴリーにおける最も典型的な成員（典型的とされる仮想の存在）を意味している（Rosch, 1975）。たとえば鳥カテゴリーにおいては，スズメやハトのような鳥がプロトタイプに近く，ペンギン，ダチョウ，ハチドリなどはプロトタイプ的な鳥とはかけ離れている。人は各カテゴリーに対してプロトタイプをスキーマ（知識を構成する単位）として保持しており，あるカテゴリーに対しての認知的処理を行う際には，まずそのプロトタイプが表象化（イメージ）される。

　プロトタイプに注目する環境評価のモデルの一つ（Whitefield, 1983）は，評価対象とプロトタイプの類似性が高いほど，評価も高くなると仮定し，プロトタイプと一致している評価対象の評価（好まれる程度）が最大になるとしている。一方，もう一つのモデル（Purcell, 1986）では，プロトタイプと完全に一致している場合よりも，多少の差異があった場合に，最高の評価がされるとしている。前者のモデルはアンティークのイスを対象とした実験

3-6 プロトタイプと環境への評価

図 3-8　さまざまな大学の校舎

写真は全て大学の校舎である。どの校舎が最も大学の校舎のプロトタイプに近いと判断されるだろうか。おそらく，右上や右下の校舎が選ばれることが多いと思われるが，判断する者の知識や経験（たとえば，自分の大学の校舎に似ている）などにより，判断は分かれるだろう。単純なモノのプロトタイプと比較して，環境に関しては，そもそもプロトタイプ自体を定義する，あるいは判断することが難しい。環境心理学におけるプロトタイプの研究にはまだ多くの研究の余地が残されている。

から，後者は学校の校舎や教会を対象とした実験からそれぞれ支持されている（図3-8）。アンティークのイスの場合，実験で使われたマスターピースといわれる傑作が，それぞれ異なる美の様式を持つプロトタイプになってしまい，そのためプロトタイプへの近さよりも，マスターピースの質の高さが判断に影響した可能性がある。一方，校舎や教会のような建築物では，多く造られた典型的，平均的な事例がプロトタイプになるために，バーラインの「対比の特性と覚醒モデル」（3-4参照）によりプロトタイプとの差が覚醒や興味を生み出し，より認知的な選好を引き起こしたのかもしれない。

3-7 評価地図

　人間は環境に関する情報として評価や意味も保持している。たとえば，街の中にはその人にとって好きな場所，嫌いな場所があり，懐かしい場所や，楽しい場所，退屈な場所，不安な場所もある。これらの環境・場所の評価や意味の情報は，環境の要素と構造の知識を主に反映する認知地図には直接的には表現されにくい。しかし，都市における空間行動において，環境・場所の評価や意味は重要な働きをしていることは明らかである。たとえば，買い物をしようとしている人は，同じような距離であれば，好きな場所にあるお店に行くだろうし，住む場所を探している人も，通勤時間や家賃が同じであれば，好きな場所にある物件を選ぶだろう。また，不安な場所にはなるべく近づかないようにし，楽しい場所には機会を見つけて通いたいと思うだろう。

　この，場所に対する意味や情動的反応をナサー（1997）は都市の情動的イメージ（evaluative image of city）とよび，それらを

Topic 3-4　評価地図に示される好ましい環境の主要な要素

　ナサー（1997）は評価地図上に示される好ましい環境の主要な要素として以下の5つを挙げている。

1. 自然（naturalness）
　都市における自然とは，人の手が加わっていないという意味ではなく，有機的な土や生物などの素材が多く見られる空間のことである。特に植物と水のある場所で，公園や水辺などがその代表となる。また，山も含まれる。

2. 手入れのよさ（upkeep/civilities）
　手入れのよさは，外見の美しさを保つと共に，管理者や使用者の場所に対する関心の高さも意味しており，社会的な秩序を生み出し，間接的な肯定的効果も持つ。反対に，割れたままの窓，散らかったままのごみなどの荒廃は，地域の社会的秩序の欠落を意味しており，不安を喚起する。

3. 開放感（openness）
　開放感は，空間的な視界の広がりを意味し，人々は開放感ある環境を好む。反対に制限された場所，混みあった場所，狭すぎる通路などを嫌う。開放感を持つ代表的な場所は公園や広場である。

4. 秩序（order）
　秩序とは，構造に何らかの規則性を見出すことができることであり，人々は秩序だった，たとえば，同じスタイルの建物が並んでいるような一貫性のある環境を好む。手入れのよい環境は秩序を生み出すことがあるため，秩序と手入れのよさは部分的に重なる要素である。

5. 歴史的な重要性（historical significance）
　歴史的に重要な場所は，美しさや史実の資料的な価値を持つだけでなく，自身や家族，祖先，国のアイデンティティを確認するためにも重要な意味を持つ。また，歴史的なスタイルを取り入れた環境も好まれる。

地図の形で示したものは**評価地図**（evaluative map）とよんでいる（**Topic 3-4**）。

　ナサーは，ボストンやサンフランシスコのような一部の都市を除いた米国の都市景観は，否定的評価のイメージに満ちていると指摘している。典型的な米国の都市の中心部はさまざまな様式や年代のビルが立ち並び，商業地域の道は看板，広告，装飾で満ち溢れている。これらのビルや看板の一つ一つは建築家やデザイナーが工夫を凝らした，美しく優れたものなのだが，総体として見ると無秩序が支配した，平凡で退屈なものになってしまう。つまり，全体の調和を考えない，個々のデザインや表現の追求が，総体として問題のある景観を生み出してしまうのである。そして，もちろんこのような都市景観の問題は米国に限定されるものではなく，日本の都市においても同様，もしくはそれ以上に深刻であることは言うまでもない。

参考図書

芦原義信（1979）．街並みの美学　岩波書店
芦原義信（1983）．続・街並みの美学　岩波書店
　この2冊は建築家による，先駆的な都市景観の研究および美しい都市づくりを提言した書である。刊行から20年以上の歳月が過ぎているが，未だに著者の思いは日本の都市づくりには反映されていないことを実感させられる。

アップルトン，J. 菅野弘久（訳）（2005）．風景の経験──景観の美について──　法政大学出版会
　進化論的視点による環境評価である「見晴らしと隠れ家」理論を文学，絵画，建築，造園といった作品を通じて検証している。

トゥアン，Y. F. 小野有五・阿部 一（訳）(1992). トポフィリア
——人間と環境—— せりか書房

　トポフィリアとは「場所に対する愛」を意味しており，人間が特定の場所に対して感じる愛・愛着を，広範な事例を引きながら現象学的な視点で論考している。レルフの『場所の現象学——没場所性を越えて——』と並び，環境評価における経験パラダイム研究を代表する著作。現象学的人文地理学を確立した著作でもある。

Nasar, J. L.（Ed.）(1988). *Environmental aesthetics : Theory, research, and applications*. Cambridge University Press.

　環境評価・環境美学研究を代表する研究者であるナサーによる，環境評価・環境美学の理論と研究の紹介と解説。インテリアレベルから，住景観，都市景観まで，幅広いスケールの環境に対してこれまでになされてきた代表的な研究を網羅している。また，都市計画，建築計画，建築法規に対する目配りもあり，この領域の研究をする場合の必読書。

4 環境査定と環境デザイン

　環境査定とは環境の性能評価である。これは，個人の環境に対する評価を超えて，なるべく多くの人々に受けいれられるように，高い一般性や客観性が要求される。つまり，心理学が扱う人間のメカニズムではなく，むしろ技法や技術的方法に近いものである。しかし，環境心理学が人間と環境の関係を扱う上では不可欠な部分であり，伝統的に環境心理学の中心的テーマになっている。また，環境デザインは主に建築，都市計画，景観工学など工学の対象であるが，その一部には人間と環境の興味深いメカニズムを検討したものがあり，ここではそれを紹介する。

4-1 POE

POE（Post-Occupancy Evaluation：**入居後評価**）とは建物に対する査定の一つである。その特徴は「利用者の視点による環境査定」であるという点にある。POEによって査定される利用者にとっての建物の性能はビルディングパフォーマンス（建物の性能）とよばれる。

POEでは大きく分けて，「技術的要素」「機能的要素」「行動的要素」の3種類の性能についての査定を行う（Preiser, 1989）。技術的要素とは，火災対策，構造，衛生と換気，配電，外壁，屋根，照明，内装，音響などの性能がこれに該当する。これらの要素は，利用者の生存にかかわる基本的に必要な条件であり，何よりもまず満たされていることが必要とされる。

機能的要素とは，利用者の的確な，そして効率的な活動にかかわる性能である。たとえば，人間工学的特徴，仕事の流れや情報の伝達，収納，環境の使用方法への柔軟さと特化の程度などが含まれる。つまり，ビルディングパフォーマンスにおける機能的要素とは，ある組織がその建物の中で十分に機能できるかどうかを示す性能である。

最後の行動的要素とは，その環境における利用者の行動と満足度との関係にかかわる性能である。たとえば，パーソナルスペース（6-2参照）とテリトリアリティ（6-3参照），プライバシー（6-1参照）とコミュニケーション，建物内の移動の容易性などが含まれる。その建物の美しさのような視覚的要素やイメージのよさなどもこの行動的要素と考えられる。そして，このような心理学的，社会学的要素を建物評価に加えることで，POEは従来の建築デザイン評価ではあまり考慮されてこなかった人間と環境

Topic 4-1　POEの種類

　指摘的POEとは，建物の性能（ビルディングパフォーマンス）の主な成功点，問題点を指摘するPOEで，数時間から数日程度で遂行される。用いられる方法は，図面，タイムテーブル，修繕・管理記録，事故記録などの既存記録の分析，責任者および少数の利用者への質問紙，およびインタビュー調査，そして実地検分などである。

　調査的POEは，指摘的POEよりも時間と労力のかかる評定であり，通常，数名の評価者の10日から数週間の時間と建物側のスタッフの協力が必要とされる。評価の方法は指摘的なPOEと基本的には変わらないが，より大規模になる。また評価のために使用される評価基準も，指摘的POEでは，評価者の経験によるところが大きいが，調査的POEでは，より包括的で客観的なものが用意される。

　診断的POEは最も労力を要する包括的で精密な調査であり，その遂行には数カ月から数年が必要である。方法はより厳密な科学的研究に近づき，複数の同種の建物を対象とした横断的な研究が行われることが多い。その目的も問題点を見つけ出すというよりも，問題点の背後に存在する関係を解明し，またその種の建物における理想的な状態の提案を目指すことが多い。

　これらの他に**ウォークスルーPOE**といわれる1日程度の非常に短時間に遂行されるPOEも提唱されている。そこでは査定者と建築側の協力者（所有者や管理者）が建物の中を一緒に歩いてまわりながら，インタビューを行い，問題点を明らかにして，改善の提案を行う。

のより包括的な関係を明らかにし，総合的な建物査定を行うことを可能にしている。

POEはまた，その実施にかかる時間，費用，人手などの程度によって，簡単なものから大規模なものに向かって①指摘的，②調査的，③診断的の3種類に分類される（Preiser, 1989）（**Topic 4-1**）。

4-2　一般人と建築家の違い

環境に対する評価には個人差だけでなく，グループによる差も存在する。たとえば，ある研究ではヨーロッパ系の米国人よりもアフリカ系の米国人のほうが，都市部の公園において人工的な要素が多く含まれる場面を好むことが明らかになっている（Kaplan & Talbot, 1988）。別の研究では，先進国の国民は一般的に集合住宅よりも一戸建ての住宅を好むのに対し，発展途上国の国民は一戸建てよりも集合住宅を好む傾向にあることを指摘している。その理由としては，発展途上国では集合住宅が「新しさ」や「進歩」を意味しており，伝統的な様式である一戸建て住宅よりも高い評価を得るからと解釈されている（Küller, 1991）。

また，多くの研究は建築家とそれ以外の人々の間で建築物に対する知覚や評価に違いがあることを明らかにしている，たとえばゴート（1982）は，建築家にとっては明らかにまったく違う様式であるモダニズムとポストモダニズム様式の建築物を一般人は区別しない（できない）ことを明らかにしている。ナサー（1989）は建築家が好む建物と一般人が好む建物との間には違いがあることを示している。ナサーはそれだけではなく，建築家は一般人の好む建物を推定することができないことも明らかにしている。さ

図 4-1　印象深い建物

東京都庁舎の完成時には賛辞も寄せられたが、嫌悪感を含む否定的な反応も多くあった。しかし、完成から30年近くが経った今では、新宿の景色に溶け込み、人々はもう強い嫌悪感を抱くことは少ないだろう。優れたデザインは、こうして時間をかければ一般人と建築家の好みや感性のギャップを埋めていくことができるようである。しかし、同じ時期に建てられた下の写真のビルは街の風景に溶け込んだといえるだろうか。時間をかければ受け入れられる建築デザインというものにも限界はあるようである。

らに，一般人とは異なる建築家の評価基準や価値観が奇妙な建物を生み出すだけではなく，そうした建物は利用者にとって使いにくかったり，維持管理費用が非常にかかることなどを指摘している。ウィルソン（1996）はこうした一般人とはかけはなれた建築家の評価基準が，建築の専門教育の中で，伝統的な建築家の価値観・思想や思考法を反映しながら形成されていくことを示唆している（図4-1）。

4-3 パターンランゲージ

　アレグザンダーは，建築家や都市計画者が設計した建物や都市を批判し，建築家に設計されたわけではない建築や時間をかけて自然に築かれた都市の美や機能に価値を見出して，それらが持っている「名づけえぬ質」を実現するための方法を提唱している。その方法では，専門家に設計の主導権を委ねず，利用者が何を建設すべきかについてすべての決定権を持ち，専門家の支援を受けて，利用者の設計チームがデザインを決定する。また，全体を一度に完成させず，小さなプロジェクトを積み上げながら，少しずつ建築プロジェクトを発展させていく（漸進的成長）。こうした方法で建設された建築プロジェクトは，各部分が個性的で，各部分の要求と全体の要求の間にバランスが取れた「有機的秩序」を作り出す。そして，有機的秩序がある環境においては，その一部である誰もが一体感を感じ取れるとされる。そして，このプロセスにおいて建物の設計を導き，また，その建築プロジェクトの建設にかかわるすべての人が共通の認識と理解を持つためのツールとして，パターンランゲージが用いられる（**Topic 4-2**）。

　パターンランゲージとは，その環境に繰返し出現する可能性の

Topic 4-2　パターンランゲージの例

パターンランゲージは，建築上の小さな知恵のようなものから，非常に概念的なものまで，さまざまな種類，レベルのものを含んでいる。以下に2つパターンの例を挙げる（以下はアレグザンダー，1984より引用）。

腰高の棚

あらゆる家庭や仕事場で，一番よく使うものが毎日のように「往来」している。それらが手元にないと，生活が滞り，ちぐはぐになる。しかし間違った場所においた物は忘れ去られてしまう。人々が居住し，作業する主要な部屋の一部には腰高の棚を設けること。長めの棚にし，奥行きは9から15インチ（25〜40cm）にし，その下には棚や戸棚を設けること。棚の間には腰掛，窓，ドアなどを組み込むこと（図4-2）。

図4-2　腰高の棚の例

親密度の変化

建物内の空間がプライバシー度に応じた順序で並んでいないと，家を訪れるよそ者，友人，招待客，得意客，家族連れなどが，常にちょっとした戸惑いを感じるものである。建物内の各空間は，玄関ともっとも公的な部分から始まり，やや私的な領域に導かれ，最後にもっとも私的な領域に至る順序になるように配列すること。

ある課題において，その課題の出現する状況を記述し，その問題に対するデザイン的な解決法を提供するものである。その問題に対するパターンランゲージがすでに提供されていれば，それを利用し，もしなければ新たに作り出し，既存のリストに加える。必要なパターンのリストが完成したところで，それをもとに設計を行う。パターンランゲージは固定されたものではなく，状況の必要に応じて修正され，更新されていく。

4-4　バリアフリーとユニバーサルデザイン

　バリアフリーもユニバーサルデザインも，能力にハンディキャップがある者が自由に，楽に行動ができるようにするためのデザイン上の配慮のことである。こうした配慮は，公共施設や不特定多数の者が使用する建物に対して高齢者や障害者が円滑に利用できる措置を施すことを課したハートビル法（1994年）や，公共交通に対して同様の措置を課した交通バリアフリー法（2000年）の制定により，ここ数年で整備が急速に進んでいる。だが，この2つの理念には多少の違いがある。

　バリアフリーとは既存の環境やデザインに，行動の補助をする装置や工夫を施すことをいう。たとえば，車イスの利用者にとっては，段差のある環境を移動するのに階段を使用することは困難だったり，介護者の手助けを必要とするために，そこにスロープを取り付けることなどである。

　一方，**ユニバーサルデザイン**は，メイスが提唱した概念で，既存の環境やデザインを前提とせずに，障害者や高齢者だけでなく，年齢，性別，さらには文化・国籍を超えた，さまざまな能力を持つすべての人が，自由に，快適に使用できる環境，建物，製品を

4-4 バリアフリーとユニバーサルデザイン

表 4-1 メイスの提唱したユニバーサルデザイン 7 原則

- 誰にでも公平に使えること（equitable use）
- 使用に柔軟性があること（flexibility in use）
- 簡単で，すぐに使えること（simple and intuitive）
- 必要なことがすぐに分かること（perceptible information）
- ちょっとしたミスを許してくれること（tolerance for error）
- 肉体的な負担が小さいこと（low physical effort）
- 利用するための大きさと空間が適切なこと（size and space for approach and use）

図 4-3　段差のバリアフリー

上の写真はある駅の階段のある通路における，車椅子の移動を補助するための器具のレールである。既存の環境デザインをバリアフリーにするためには，大掛かりな改装や器具の追加が必要になることがある。しかし，設計時から適切な場所にエレベーターを配置しておけば，もっと単純に問題は解決できる（ユニバーサルデザイン的解決法）。だが，それには駅が建て直されるまで待たなければならない。バリアフリーとユニバーサルデザインは状況に応じて使い分けられる必要がある。

創造しようという理念である（**表4-1**）。たとえば，ドアのノブを円筒状からレバー状に変えることで，握力の強弱にかかわらず快適に開閉ができるようにすることである。

バリアフリーは対症療法的な過渡期の対策であり，ユニバーサルデザインこそが抜本的な対策であると捉え，バリアフリーからユニバーサルデザインへと発展していくことが望ましいという考え方も存在する。しかし，物理的な制約や費用負担増からユニバーサルデザイン的な対策が現実的には難しかったり，不可能な場合も多く存在するため，バリアフリーとユニバーサルデザインは状況に応じて使い分けられることが必要である（**図4-3**）。

4-5　デザインのアフォーダンス

アフォーダンスとは，知覚心理学者のギブソン（1979）の提唱した概念であり，「生物の行為を可能にする環境のもっている特徴・性質」を意味しているが，環境デザインへの適用の重要性も大きい。つまり，アフォーダンスがその環境で可能な行為であるならば，環境をデザインするということは，その環境において求められる行動をアフォードする環境をデザインすることにほかならない。環境のアフォーダンスを調整することで，自然に望ましい・ふさわしい行動を促進し，望ましくない・ふさわしくない行動を制御することができる。そうした環境では，自然に必要な行動ができるので，サインや指示を提示したり，行動させるための説明を行う必要性が低くなる。また，行動は自然に誘導されるために，状況の理解や意思決定などの認知的な処理の負担が減り，次の行動に迷うような不快な経験をすることも少なくなる。

元来のアフォーダンスは，高次の認知処理を伴わない，あくま

4-5 デザインのアフォーダンス

図 4-4 「座る」をアフォードする柵

このデザインの特長は，「座る」はアフォードしているが，一般的なベンチのようには「寝る」をアフォードしていないので，公共の場において，人々が寝てしまうことを許しはしないことである。

図 4-5 デザインが誤ったアフォーダンスを伝えているドア

手前に引いて開けるのだが，押して入ろうとする者が絶えないために，指示が必要になっている。

でも自然に行動を促す環境の性質を意味しているが、認知科学者のノーマン（1988）はこの概念を拡張し、認知的な処理レベルの判断を含んだデザインのアフォーダンスを提唱している（図4-4）。たとえば、ノーマンはドアのデザインにアフォーダンスがあると主張している。

ある種のドアは内側に押すことをアフォードしているために、利用者は使用法が「自然にわかり」、ためらわずに押して中に入っていける。しかし、別のドアは、機能とは違ったアフォーダンスを示している（図4-5）。たとえば、不適切なデザインのアフォーダンスを持ったドアの場合、引き戸にもかかわらず、利用者はその扉を前後に押したり引いたりしたあげく、鍵がかかっていると考えて引き返してしまうようなことがありうる。もしも横に引けば簡単に開いたにもかかわらずにである。

期待される行動を促すための、小さなしかし効果的な制度やデザインの工夫をナッジ（nudge）（Thaler & Sunstein, 1999）と言うが、ナッジとしてデザインのアフォーダンスを利用することもできる。

4-6　ネガティブな行動を導くアフォーダンス

アフォーダンスは行動を導く環境の性質を意味しているが、導かれるのは望ましい行動だけでなく、ある種の環境は望ましくない行動も導くことがある。

橋本（1992）は、ゴミ箱などの決められた場所以外にゴミを捨てるゴミの散らかし捨て（ポイ捨て）行動の研究の中で、ゴミが集中して捨てられている場所を①U状部、②T状部、③L状部、④⊥状部に分類できることを明らかにしている（図4-6）。U状

4-6 ネガティブな行動を導くアフォーダンス

① U状部 ② T状部
③ L状部 ④ ⊥状部

図 4-6　ゴミ捨てを促すアフォーダンスの 4 類型

部とは側溝や水溜まりなどができるくぼんだ場所，T状部とは自転車の荷台やブロック塀の上などの適当な高さがある平らな場所，L状部は壁際，⊥状部とは植え込みの陰や柱の根元を意味している。橋本によればこうした場所には「散らかし捨て」されたゴミが目立ちにくいという共通点がある。そして，一般的に人は散らかし捨てをすることには抵抗があるが，一方で，速やかに労力を使わずにゴミを処分したいと考えるので，手近にある環境で他者の目に付きにくいこうした場所に集中的に散らかし捨てをする傾向があると説明される。アフォーダンスの視点から説明すると，ゴミを捨てたいと思っている人に，こうした環境の特徴は，ゴミ捨ての行動に適切な場所であることを伝え，そうした行動を促してしまうことになるのだろう。

　橋本はこうしたゴミの散らかし捨て行動を減少させる環境デザイン的対策として，ゴミを捨てるための労力を少なくするために，ゴミ箱を適切な場所に適切な数量配置すること（利便性の原則）と，ゴミ箱の数に制限がある場合には，どこに行けばゴミが捨てられるかの情報を提供し，行動の計画を立てやすくし，心理的負荷を低減すること（見通しの原則）を提唱している。

4-7　誰のためのデザイン？

　AV機器，携帯電話，家電製品，自動車など，最新の道具は機能が進歩しているが，利用者の多くはその機能の全てを使い切っていないことが多い。なぜだろうか。それは，多くの最新の道具は使いやすさに対して十分に配慮されていないからである。すでに紹介したノーマン（1988）は，デザインのアフォーダンスを含む**使いやすいデザイン**のためのガイドラインを提唱している。そ

Topic 4-3　好まれるデザイン

　ノーマン（2004）はまた，好まれるデザインの要素を①外見（本能的），②意味，③機能の3つに分類している。外見とは直観的，本能的に好かれる見た目のことであり，意味とはその形態の示す，あるいは象徴する意味の価値，機能とはそのデザインが持つ機能の価値，のことである。たとえば，図4-7左の写真の2つのティーポットのデザインを考えてみよう。学生にたずねると，多くの者は右のデザインを好む。本能的に外見や，あるいは球の持つ象徴的な意味から右のデザインのほうが好まれるようである。しかし，左のポットは茶漉しが大きく，中で茶葉がよくジャンピングし（お湯の中で茶葉が大きく動くこと，写真右），紅茶をおいしく入れることができるということを説明した後でもう一度たずねると，今度は前回よりも多くの者が左を好むようになる。つまり，この少し変な形が紅茶をおいしく入れるための機能を持つデザインであることがわかると，好意が高まることがわかる。

図4-7　2つのデザインのティーポット

こでは，使いやすいデザインに必要な条件として「ミスや不正確な操作を許して，安全に使えること」「使用法を導いてくれる，機能や使用法の概念モデルを与えてくれること」「構造や機能を可視化すること」「記憶に頼るのではなく，記憶を助けるような視覚的な指示を与えること」「操作の構造をわかりやすくすること」「実行した行為の結果がすぐに目に見えるようにすること」「自然な対応付けをすること」「制約を利用して出来ることを制限すること」などを挙げている。

　これだけではわかりにくいものを説明すると，「操作の構造をわかりやすくすること」とは何段階にもわたって処理を重ねていくもの，たとえばパソコンのソフトの操作などでは，一つの階層が示すメニューの数と階層の深さがそれぞれ極端に多く，深くならないように注意することや，どうしても複雑になってしまう操作は自動処理にしてしまうようなことである。「自然な対応付け」とは，機器を右に動かす場合の操作のスイッチは右に倒すようにするといったことである。「制約を利用してできることを制限すること」とは，コンセントの形を特殊なものにして，適合する電圧を持つ機器のコンセントしか差し込めないようにするなどして物理的に制約することや，赤色を用いて進入禁止を示すなど，一般的に知られている意味的な制約を用いることである。

4-8　パブリックアート

　アート作品を環境デザインの改善に使用することができる。その例として**パブリックアート**がある。パブリックアートとは「主に公共空間のような，人々が自由に出入りできる空間，あるいは目にすることができる空間に，鑑賞やふれあいを通じて，人々に

4-8 パブリックアート

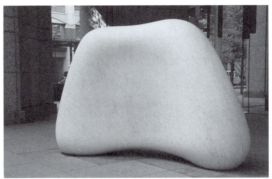

図 4-8（1） パブリックアート
街角に設置されたアート作品には、街を美化するだけではなく、街を活気づけたり、街の意味を変える力もある。

喜びや楽しみを与えることを目的として設置されるアート・芸術作品」のことである。

　パブリックアートは現在，日本を含む世界中で設置が進んでいる。例えば，アメリカのシカゴのリチャード・J・デイリー・センターの広場にあるピカソの作品，「シカゴ・ピカソ」が有名であり，東京の西新宿にある，ドラマや映画でよく見かける「LOVE」のオブジェ（図4-8）もパブリックアートである。この他にも，世界中の大都市では多くのパブリックアートを見つけることができる。

　パブリックアートは行政と民間の両方によって設置される。行政が設置した場合の主な意図は，街や地域の美的な質を高めることであり，民間が設置する場合には，それに加えて集客力や商業的・不動産価値を高める意図があるだろう。

　しかし，パブリックアートの効用は環境の美的な質を高めることだけではない。パブリックアートには，活気やわくわく感を高める効果もある（Motoyama & Hanyu, 2014）。つまり，殺風景な場所を楽しい場所に変え，人々を呼び込むことができる。さらに，パブリックアートには，場所の意味を転換させる効果も期待される。社会学者のサンプソンは，シカゴの研究を通じて，ある種の地域は長年続く悪い評判（スティグマ）を持っており，そうした悪評はその原因が解消されたのちにもすぐには消えず，その地域の評価を下げ続けることを指摘している（Sampson, 2012）。サンプソンは，シカゴにかつて存在したロバート・テイラー・ホームという大規模な高層公共住宅の例を挙げている。この公共住宅はすでに取り壊されているにもかかわらず，その地域はいまだに評判が悪く，また，見かけには何の違いもないのに，別の場所より

4-8 パブリックアート

図 4-8（2） パブリックアート

も荒廃していると判断されている。こうした，都市の中の悪い評判を持つ場所の意味を改善するための方法として，美術館，劇場，あるいは大学などの文化的な施設を誘致することがあるが，パブリックアートにもそうした効果が期待できるだろう。

　さらに，アメリカ・ニューヨークのハーレム地域やイギリス・ロンドンのソーホー地域のように，かつて治安が悪い，殺伐としているとして悪い評価だった地域が，価値が転換された結果，そのかつては不評だった特徴が「他とは違う魅力」となり，逆に今や人気の地域になっていることがある。こうした価値の「転換」を促す手段としては，他とは違う魅力への気づきをうながすパブリックアートは効果的だろう。たとえば，フランス・ナントの再開発において，パブリックアートが導入され，大きな効果を上げている。この場所は元造船所なのだが，そこに機械仕掛けの動物，たとえば機械仕掛けのゾウやクモというパブリックアートを設置して，ある種の機械美・（廃）工場美のような美への気づきを生み出すことで価値の転換を実現している。

参考図書

アレグザンダー，C. 平田翰那（訳）（1993）．時を超えた建設の道　鹿島出版会

アレグザンダー，C. 平田翰那（訳）（1984）．パタン・ランゲージ──環境設計の手引──　鹿島出版会
　言葉が語られていくように，建築は自律的，有機的，漸進的に生み出されていくべきだと主張する，新しい形式の建築を目指す著者の代表作。パターンランゲージは建築・空間デザインのパーツであるが，それは環境心理学の理論や理念のカタログになっており，環境心理学

の実践の一つの優れた形を見ることができる。

日本建築学会（編）（1994）．快適なオフィス環境がほしい──居住環境評価の方法──　彰国社

　POEの解説書である。現在日本語で読める最良のPOEの入門書になっている。

ノーマン，D. A. 野島久雄（訳）（1990）．誰のためのデザイン？──認知科学者のデザイン原論──　新曜社

　研究だけではなく，産業界に実際に入り込み，プロダクトデザインを認知科学の視点から検討し，わかりやすいデザインこそが優れたデザインであるということを主張した，研究と実践が融合した非常に興味深い本。現在のプロダクトデザインに広く大きな影響を与えた著作である。

ノーマン，D. A. 岡本　明・伊賀聡一郎・安村道晃・上野晶子（訳）（2004）．エモーショナル・デザイン──微笑を誘うモノたちのために──　新曜社

　上と同一の著者による，特にプロダクトデザインの意味に関する著作。この中で示された多くの主張は建築や環境デザインに対しても参考になる。

Preiser, W.（Ed.）（1988）．*Building evaluation*. Plenum.

　POEに関する理論と実例を集めた専門書。現在のところPOE研究に関しては，最も専門的で包括的である。

パーソナリティ・個人差と環境

　パーソナリティや個人差が環境心理学で取り扱われるのには一見違和感があるかもしれないが、実際には重要な要素である。しかし、よく考えれば、環境心理学が「人間と環境の関係」を扱い、その間に内的・心理的過程が媒介していると仮定している研究領域である以上、内的・心理的媒介過程に影響を与えるパーソナリティや個人差を扱うのは当然のことである。

　環境心理学の中で特にパーソナリティが重要視されるのは、①パーソナリティが環境の見方（認知や評価）に影響を与えることがある場合と、②パーソナリティ、特に志向性や価値観が環境にかかわる行動に影響を与えることがある場合である。このことは個人差においても同様であるが、加えて、個人差の中でも子ども、高齢者、ハンディキャップのある人のようなグループの人たちには、それ以外の人たちとは違った環境へのかかわり方があるために、特別な検討と配慮が必要となることも明白であろう。

5-1 ローカス・オブ・コントロール

　環境とのかかわり合いが最も研究されてきたパーソナリティの要因に**ローカス・オブ・コントロール（コントロールの所在）**がある。ローカス・オブ・コントロールとは，自分に起こった出来事の原因を主に自身に求め，自身でコントロールできると考えるか，それとも他者の責任や単なる運命に求め，自分自身にはコントロールしがたいと捉えるかといった信念のことである。

　出来事を自身でコントロールできるとみなす，内的なコントロールの所在を持つ者よりも，出来事を外部の力にコントロールされていると考える，外的なコントロールの所在を持つ者は，人々が自身から離れていて，危害をもたらすことができない場合に安心感を持つために，より大きなパーソナルスペースを持つことが報告されている（Heckel & Hiers, 1977）。

　環境配慮行動に関しては，内的なコントロールの所在を持つ者は，外的なコントロールの所在を持つ者よりも，環境の未来に関しては悲観的であったのにもかかわらず，リサイクル行動に関しては活動的であった（Sia et al., 1985-1986；Huebner & Lipsey, 1981）。内的なコントロールの所在を持つ者は，自分たちの行動が環境問題を解決できるかどうかということには，むしろできない可能性が高いと判断していたのにもかかわらず，自らの責任を果たすために，より積極的にリサイクル行動をしていたと考えられる。

　また，外的なコントロールの所在を持つ者は，建築様式に関して，ルネサンスやインターナショナル様式などの古典的な様式を好み，内的なコントロールの所在を持つ者は，バロックや自然主義などのロマン主義的な様式を好むことも報告されている

Topic 5-1　ニュー・エンバイロメンタル・パラダイム

　1978年に発表された「ニュー・エンバイロメンタル・パラダイム」（Dunlap & Van Liere, 1978）は，それまでの成長・進歩史観，自由経済至上主義，科学・技術信仰，人間優越主義が支配していた世界に新しい価値観，環境観が誕生しつつあることを最初に示した研究の一つであり，これ以降の環境問題に対する態度尺度の研究に大きな影響を与えた（以下 Dunlap & Van Liere, 1978 より翻訳し，引用した）。

1. われわれは，地球が養える人口の限界に近づきつつある。
2. 自然のバランスは非常にデリケートで，すぐに乱されてしまう。
3. 人類には自然環境を調整する権利がある。
4. 人類という種はそれ以外の自然界を支配するために創造された。
5. 人類が自然に干渉するとき，それはしばしば災害をもたらす。
6. 植物や動物は主に人類が利用するために存在している。
7. 健全な経済を維持するために，われわれは産業を統制した「安定した状態」の経済を築かなければならない。
8. 人類は生存し続けるために，自然と調和した暮らしをしなければならない。
9. 地球は限られた居住空間と資源しか持たない宇宙船のようなものである。
10. 人類は自然環境を必要に応じて作りかえることができるので，自然に合わせる必要はない。
11. われわれの工業社会がそれ以上発展することのできない限界が存在する。
12. 人類という種は環境をひどく害してきた。

　3，4，6，10は逆転項目。同意した項目が多いほど新しい価値観・環境観を持っているとされる。

(Juhasz & Paxson, 1978)。

5-2 スクリーナーとノンスクリーナー

　環境に関係するパーソナリティのもう一つの重要な要因に，自分自身の周辺環境に対する敏感さの違いがある。たとえば，ある人たちは勉強や読書をするときに人から離れた静かな環境が必要であるが，ある人たちは，周りに人がいたり，多少の雑音があっても気にせず，むしろカフェや喫茶店で読書や仕事・勉強をすることを好む。

　このような環境からの刺激に対する感受性や耐性をメーラビアンは環境からの「刺激遮断」とよび，環境刺激に自動的遮断を行い，すばやく適応できるタイプを**スクリーナー**，環境刺激に対して脆弱で，影響を受けやすいタイプを**ノンスクリーナー**と名づけた（図5-1, 図5-2）。メーラビアンによれば，ノンスクリーナーは，スクリーナーよりも，全般的に覚醒・興奮しやすいとされる。

　実際，ノンスクリーナーは，読書や仕事・勉強の最中にあまり音楽を聴くことがなく，騒がしい環境ではパフォーマンスが減少することが研究で示されている。そして，日常生活においても，周辺の環境からの影響を受けやすく，騒音やその他の環境公害に悩まされる程度が，スクリーナーよりも高いとされる。たとえば，ある研究では，大学の学生寮に住むノンスクリーナーの学生は，スクリーナーの学生よりも，入った当初から寮の生活騒音に対して不快であると感じていたが，1年経っても順応できなかった。さらにはノンスクリーナーの学生の成績は，スクリーナーの学生よりも平均して悪かったことが示されている（Weinstein, 1978）。

5-2　スクリーナーとノンスクリーナー　　　89

図 5-1　スクリーナーの作業環境

図 5-2　ノンスクリーナーの作業環境

5-3 環境パーソナリティ目録

ソンネンフェルド（1969）は，環境に関するパーソナリティ類型を測定する尺度，**環境パーソナリティ目録**（Environmental Personality Inventory：EPI）を考案している。そこには次のような4つの下位尺度が含まれている。

1. 環境への敏感さ

知覚された環境から受ける影響の程度を測定する。環境に敏感な個人は，環境の中に複数の意味を見出す傾向がある。

2. 環境移動性

いろいろな場所を訪れたいと思う程度を測定する。環境移動性の得点が高い人は，危険でエキゾチックな場所を訪問することを好む。

3. 環境コントロール

自然災害などに対して，環境をどの程度コントロールできるかという信念を測定する。環境コントロールの得点が高い人は，自然災害を不可避の運命ではなく，コントロール可能な事象とみなし，自然災害の可能性を受け入れて暮らす傾向がある。

4. 環境リスクテイキング

危険な環境での行動に関するリスクをどのくらい冒すかを測定する。環境リスクテイキングの得点が高い人は，冬山登山や険しいロッククライミングを好む。

ソンネンフェルドは，女性や高齢者は環境リスクテイキングの得点が低い傾向があることを報告している。また，職業による違いがあり，サラリーマンはエキゾチックだが危険ではない場所を好む傾向があるが，芸術家は過度にエキゾチックな場所を好み，医者は危険な場所を好む傾向があることを報告している。

Topic 5-2　環境反応目録

マッキーニー（1977）もまた，環境に関係するパーソナリティ尺度，**環境反応目録**（Environmental Response Inventory：ERI）を開発している。そこには以下の8つの下位尺度が含まれている。

1. 田園趣味

開発を好まず，ありのままの自然を好み，自給自足を志向する傾向。

2. 都会主義

都会の複雑さ，文化性と多くの対人的な刺激を好む傾向。

3. 環境順応

ニーズに合わせた開発を容認し，洗練された環境を好む傾向。

4. 刺激探索

新奇で激しい刺激を好み，よく旅行や探索をする傾向。

5. 環境への信頼

周辺環境を安全だと考え，見知らぬ場所に一人でいることに不安を抱かない傾向。

6. 懐古趣味

伝統的なデザインを好み，歴史的な場所を訪れることを楽しむ傾向。

7. プライバシーの欲求

自己の世界に完結し，他者への関心が薄く，孤独を求める傾向。

8. 機械志向

技術的で機能的なことを好み，機械いじりを楽しむ傾向。

5-4 場所愛着と場所アイデンティティ

　場所愛着（place attachment）とは，特定の環境に対して好意と依存心を抱くことであり，「個人と場所との感情的絆」（Altman & Low, 1992）と定義される。場所愛着には，その対象のスケールが違う地域愛着（local attachment），近隣愛着（neighborhood attachment），家への愛着（attachment to home）などが含まれる。愛着の対象には，物理的な環境に加えて，地域社会，住民，生活から，習慣，催し事などの社会的な環境も含まれる。場所愛着を持つことで，その環境において心理的な安定と肯定的な感情を持つことができ，その環境を離れるなどして，それを失う際には不安感や苦痛を経験することになる。

　環境愛着は地域を含めて広く環境を保護しようとする態度を促進する。また，場所愛着を持つことにより，人は自分の占有する空間に誇りを持ち，望まない他者の侵入に対して敏感になり，防御しようという意識が生まれる（10-5参照）。さらに，地域社会の結束を高めることで清掃活動や近隣防犯活動などの地域活動を活発化させるなどの機能を果たす。

　場所愛着は，自身の環境への帰属感を高め，その場所を自分自身のアイデンティティの一部として取り入れさせることがある。これを**場所アイデンティティ**（place identity）という。たとえば，「江戸っ子」「パリジャン」「ニューヨーカー」などは，この場所アイデンティティを表現した言葉であり，それぞれの都市に住むことに対する誇りと，それらの都市の偉大さと自分とを結びつけた心理状態を示している（図5-3）。

5-4 場所愛着と場所アイデンティティ

(a) 東京・青山

(b) 東京・日本橋

図 5-3　場所アイデンティティの対象
場所愛着は住居を中心にどのような場所でも対象となるが，場所アイデンティティは他者に高く評価されている場所を対象にする傾向がある。

5-5 原風景

原風景とは奥野が『文学における原風景』(1972) で用いたことで有名になった言葉である。幼少期や青年期における自己の形成過程が行われた空間として，深層意識の中に固着したイメージであるとされ，作家たちの造形力の源泉として存在するとした（呉・園田，2006）。以降，原風景という言葉は，文学・評論の世界だけでなく，心理学・環境心理学，そして建築・都市計画，地理学，環境学の世界でも重要な概念・用語として扱われている。

それでは，原風景とは具体的には何なのであろうか。たとえば，それは「子どものころ住んでいた家」「引っ越す前に住んでいた近所の町並み」「田舎」などのように，個人の経験した環境をさす場合もあるが，「棚田」「里山」「鎮守の杜」が日本人の原風景とよばれるような，個人の経験にとどまらない一般的な環境を意味することもある。そこに共通することは，それについて考えたり，思い出したりするときに「おだやかで」「懐かしい気持ちになる」ということであろう。また，全てではないが，失われた対象や，古いもので時代の変化に取り残された対象であることも多い。つまり，原風景とは環境に対する愛着のうちの時間軸に関係したもので（呉・園田，2006），特に過去に愛着を持っていたが，すでに喪失してしまった環境への憧憬といってもいいのかもしれない（図5-4）。

近年，原風景という言葉が建築や都市計画の領域で頻繁に使用されるのは，急速な都市開発・再開発がなされる際の環境の激変に人々の心がついていけず，過去を懐かしむからというだけでなく，新しい環境が人間性や人間の生活という点で，十分な質を備えているとはいえないことを反映しているのではないだろうか。

5-5 原風景

(a) 自然の風景

(b) 都市の風景

図5-4 さまざまな原風景
原風景は，自然の風景や田園の風景とは限らない。都市出身者にとっては，都市の風景が原風景になりうる。

5-6　女性・子どもと環境

　人間と環境の関係は，社会制度が変化することでも変化する。こうした社会変化の影響を一番受けてきたのはおそらく**女性**であろう。過去半世紀の社会制度の変化により，女性の社会における役割や生活様式は劇的に変化した。現代社会における女性の役割は多様化し，それまでの家庭における主婦，嫁，妻，母というような役割だけでなく，広く社会においても役割を持つようになり，活動の空間は広がり，その結果，生活の様式も多様化した。そして，女性の生活の多様化に伴い，住宅や職場の建築デザイン，そして都市環境も変化している。しかし，その変化は，現在の女性の活動に対してまだ完全に必要性を満たしているとはいえない。たとえば，保育施設，あるいは公共の場や職場における託児施設は質・量共にまだ十分とはいえない。

　こうした女性の役割の変化に伴い，男性の役割も変化しており，家族の形態も変化している。生涯独身でいる者や，片親の家庭，共稼ぎの家庭が珍しい形態ではなくなり，環境に対して以前にはなかった要求が生まれている。こうした社会変化に伴う環境への要求に対しては，建築デザインや施設環境デザインだけでは対応することができず，政策レベルでの研究と対応も必要になるだろう。

　子どもも環境に対して特殊な要求を持つグループである。子どもは成人と比べ，さまざまな能力が未発達であるため，環境の影響を受けやすく，特に環境の持つ・もたらす危険性に対して弱い。子どものためにデザインされた空間でさえも，環境をデザインする者は成人であり，子どもの視点から環境を見ることは難しいため，完全には子どものための空間になっていないことが多い。ま

Topic 5-3　子どもが犯罪に遭いやすい場所

　中村（2000）は，実際に子どもを対象として起こった数百個所の犯罪現場の環境を検証し，集合住宅を含む住宅地において，子どもが犯罪に遭う可能性が高い環境を分類している。そして，それぞれに対する対策を挙げ，都市計画・建築デザインのレベルでの環境の改善を提言している。たとえば，高架の下の公園，大きな無人駐車場，集合住宅の妻側（開口部のない裏側）などが可能性の高い場所である。こうした，**子どもが犯罪に遭いやすい場所**は，大人や子ども自身が日常生活の中で高い不安を感じている場所だけでなく，一見安全そうに見える場所も多く含まれている。地域社会の子どもの安全を守るためには，単に危険だと思う場所を改善する，監視するだけでは不十分であり，本当に危険な場所を犯罪記録などから明らかにし，実証された有効な対策を用いることが必要である。

図 5-5　環境の中の子どもたち

た，子どもは自ら，自分が暮らす環境を選択したり，環境の問題を解決する能力や機会をあまり持てない。したがって，与えられた環境を受動的に受け入れるしかないが，その環境は家庭の経済的な状況によって大きな違いがある。

　英米を中心とした研究（Evans, 2004）は，貧困状態にある子どもたちは，同世代の恵まれた子どもたちと比較した際に，家が狭く，うるさく，また設備や供給される水，衛生状態も低い傾向があることを指摘する。また同じ研究は次のようなことも報告している。貧困な子どもたちが住む地域は，荒廃が進んでいるが，行政の支援は行き届いておらず，結果として危険な地域である傾向がある。また，学校や保育などのサービスの程度も低くなりがちである。さらに，貧困な子どもたちは家族との離別や再婚，家庭内暴力などが多い不安定な家庭環境に置かれる傾向があり，また彼らの親たちは，子どもに対する責任感が低くなりがちである。こうした，物理的および社会的環境による複合的な不利益が，貧困な子どもたちの深刻な社会病理を生み出している。こうした問題は他国のものではなく，日本においても子どもの貧困の問題は，割合においても，程度においても深刻化している（**Topic 5-3**, **Topic 5-4**）。

5-7　高齢者と環境

　高齢者は年齢を重ねており，また高齢に伴う特定の機能や健康上の問題を抱えている傾向が強いという共通点を除いては，その他の年齢群よりも個人差の大きな年齢群である。つまり，高齢者群の大きな特徴の一つは，「高齢者は非常に多様である」ということである。ある高齢者は身体的な問題をまったく持っていない

Topic 5-4　子どもと遊び場

　日本ではこの何十年かで子どもが屋外で遊ぶことが減っている。それは、ゲームや勉強に子どもの時間が多く使われるようになったからであり、空き地や比較的安全な路地などの遊ぶ場所が減っているから、また保護者が犯罪や交通事故などに巻き込まれることを恐れて子どもだけで外に出すことをためらうようになったからである。さらには、子どもが遊ぶ声や物音は仕方がない当たり前のことであるという社会的寛容性が失われ、すぐに近隣から苦情が出るようになったということもある。子どもが屋外で遊ぶ機会を失うことは、単に楽しみが奪われるということだけではなく、身体・運動能力に悪い影響を受けることになっている。こうした状況を憂える環境建築家の仙田（2016）は、自身が提唱する「遊環構造」にもとづく、子どもが遊べる、そして遊びたくなる空間デザインを生み出してきた。

　遊環構造においては、環境内部は広場やシンボル性の高い場所を含む大小の空間の組合せにより構成されている。すべての空間には基本的に行き止まりはなく、複数の出入口からの通り抜けが可能であり、複数の空間を通過し循環的な回遊が、大回りでも、近道をしても可能になっている。そうした循環は安全であるが、環境は構造的にも意味・シンボル的にも変化に富み、社会学者のカイヨワの言うところの「めまい」（Caillois, 1958）、つまり肯定的な心身の動揺と戸惑いを体験することができる。こうした環境では、子どもたちはあらかじめ用意された遊び方ではない、様々な自由な遊び方を見つけ出し、そうした遊びを通じて創造性、身体・運動能力が向上するという。

かもしれないが，別の高齢者は視覚障害を持ち，また別の者は移動が不自由であるかもしれない。心理的機能においても，ある者は若者と同程度の能力を維持しているが，別の者は記憶や思考において深刻な問題を示す。さらに，もう一つの多様性の原因は長い間の生活習慣であり，これらはそれまでの人生を反映して大きな違いがある。このように多様な集団である高齢者に適した唯一のデザインというものは当然存在しないため，高齢者向けの住環境を考えるに当たっては，そうした多様性を考慮することが重要である（**Topic 5-5**）。

　心理的な問題としては，コミュニティにおける世代の融合の問題がある。単独の世代によるコミュニティは活力を失うという議論も存在するが，少なくとも欧米のこれまでの研究（たとえばBell et al., 2001にレビューがある）は，高齢者だけでコミュニティを形成したほうが，①類似度が高いために親密感が生まれやすく交流が促進される，②高齢者向けのサービス（例：高齢者向け病院）が充実するために満足度が高まる，③生活様式の類似度が高いために他の世代間との間で起こるような行動上の葛藤（例：若者の生み出す深夜の騒音，道路上での歩行速度の違い）が生まれにくい，という点で望ましく，実際には満足度や活動性が高まることを示している。しかし，日本社会の文化と伝統を考えると，この問題に関してはまだまだ議論が必要であろう。また，高齢者は一般的に移動手段が制約されるために，公共交通を利用しやすくしたり，病院や公的機関といった，高齢者がよく利用する施設を近接させたりするという都市計画上の配慮も必要である（**Topic 5-6**）。

　高齢者は自宅ではなく，施設で生活することも多いが，施設へ

Topic 5-5　環境圧力と環境適応能力

　高齢者環境研究の先駆的存在であったロートン（1980）は，高齢者の環境への適応に関する**環境圧力**（environmental press）と**環境適応能力**（environmental competence）という理論を提唱している。この理論によれば，「それぞれ環境には，環境圧力といわれる，適応するために必要な要求水準がある。また高齢者の環境に適応する能力には個人差がある。そして，個人は自分自身の能力で適応可能な環境圧力を持つ環境において，最もうまく適応的に行動し，生活に対する満足度も高くなる」とされる。つまり，適応能力をはるかに下回る刺激の少ない環境もまた，刺激や達成感に乏しい，不適切な環境であるということである。したがって，高齢者の住環境においては行動の障害になるような要素は取り除かれ，また能力を超えるような行動が必要な状況においては援助や介入が必要とされるが，能力を残した高齢者に対しては過度の援助や，必要以上に潜在的な障害や危険性に配慮した環境は，退屈感を与え，また自尊心が損なわれる環境になる危険性がある。さらに，過度に配慮された援助的環境は，高齢者に残されていた環境への適応能力を下げてしまう結果になる可能性もある。

　つまり，個人の能力と環境の特性を一致させるためには，環境における行動の障害を排除するということが必要であるが，一方で必要以上の援助や介入を行わずに，環境適応能力を維持させることにも注意が払われる必要がある。高齢者にとって適切な住環境とは，身体的，認知的能力の衰えを補って，高齢者に可能な限りプライバシーのような環境の統制と行動の自由を可能にし，また環境適応能力を最大限に維持する環境ということになる。

の移行（7-3参照）は物理的環境の変化ばかりでなく，社会環境の変化も意味している。そして，社会環境も施設に住む高齢者の心理や幸福感に大きな影響を与えている。社会環境が**行動のセルフコントロール**を与えてくれる場合には幸福感が高まるが，施設の生活のスタイル，および施設に移行しなければならなかった理由（心身の衰えや病気，不適切な行動など）の両方から，施設への移行は一般的には行動のセルフコントロールを制限する傾向にある。たとえば，規則の遵守や決まったスケジュールを守るといった施設の生活スタイルは，行動の自由と選択肢が制限されたという感覚を生み出しやすい。

施設への移行に際しては，これまでの人間関係を失い，大切な所有物の多くを運び込むことをあきらめる必要がある。さらに，新入居者の多くは，病気，経済的困窮，家族の問題などをきっかけに施設へ入所することが多く，これらは全て行動に対するコントロールと選択の喪失感を生み出すものである。

誰が移行を決めたのかも，行動のコントロールの感覚の喪失に関係がある。自ら施設への移行を決断し，施設を自分で選択した入居者は，家族が決定した者よりも，施設の生活を肯定的に受け入れる傾向がある。また，ある研究（Langer & Rodin, 1976）は，施設内における行動の選択の責任を任されて自分の行動のコントロール感を持つことができた入居者が，持たない入居者よりも，幸福感や活動量が増加したことや，生活環境を美化する行動を示したことを報告している。たとえば，室温の調整を任せることや入浴や食事の時間を自由にすることは行動のコントロール感を高めるし，今後のスケジュールをあらかじめ伝えることや，入居の前に模型やビデオなどを使って施設の構造を理解させ，施設内の

Topic 5-6　高齢者施設の環境配慮

　高齢者施設の環境において，第一に考慮されるべきは安全性と利便性である。①安全を確保するための監視手段，②手すりや滑りにくい床，安全なトイレや風呂といった危険性の少ない設備，③緊急連絡用のボタン・医療設備やスタッフのような緊急時の施設・対策，④車椅子の移動が支障なくできるようにする，通路や出入り口の広さの確保や段差に対するバリアフリー的対策（4-4参照）など行動の自由を保障する設計や設備的な要素がまず考慮される必要がある。

　加えて，大きな椅子や回しやすいドアノブのようなユニバーサルデザイン（4-4参照）を採用した，快適で使い勝手のよい設備や，必要な施設間のアクセスを容易にする動線のデザイン，好きなときに自由に買い物ができる売店を用意することなども，入居者の行動の自由と選択の余地を確保するために考慮すべき点である。また，単に安全な設計をするだけでは十分ではない。入居者それぞれのニーズに合わせた設備，たとえば，娯楽施設，入居者が使える調理施設，自分たちで手入れをすることができる花壇・家庭菜園などを用意することも望まれる。つまり，入居者それぞれに適した環境圧力を持った，なるべく多様な環境を準備することが必要である。

　さらに環境の施設の物理的なデザインが入居者間のコミュニケーションへ与える影響も考慮される必要がある。たとえばロビーやリクリエーションエリアなどの公共の場には，コミュニケーションを促進するデザイン（社会求心デザイン）が望ましいが，同時に必要に応じて利用できるプライバシーを持てる場（社会遠心デザイン）を準備することも必要である（6-2参照）。

認知地図をあらかじめ獲得させておくことも行動のコントロール感を促進する働きがある（Hunt, 1984）。逆に，施設への適応度を住人の環境への働きかけの様子から判断することもできる。環境により適応し，満足を感じている住人は環境をよりコントロールし，自分に適した状態に変化させる。たとえば，施設の自室のパーソナライゼーション（**Topic 6-3**参照）の程度と施設への満足度の間には正の相関関係が見られる（佐々木ら，2004）。

　心身の衰えにより，一度施設に適応した入居者が再度，新施設に移行しなければならないという場合がある。このような再適応の悪影響を最小化するための方法として，複数のレベルの介護機能を施設に持たせることが考えられる。同一の施設の中での移動で済めば，環境の変化は最小にとどめられ，人間関係も維持されやすいために，新しい環境に適応する労力は最小に抑えられることになる。

　アルツハイマーなどの認知症の高齢者に対しては，場所見当識の欠如や徘徊などの環境行動における特有の症状に対処したデザイン上の配慮が必要となる。たとえば，深夜の徘徊を強制的に妨げると，時としてかえって精神状態を悪化させ，眠っている他の居住者を起こしてしまうような行動を引き起こすことがあるために，施設内外の制限された安全な通路を徘徊できるようなデザインがなされることがある（Cohen & Weisman, 1991）（**Topic 5-7**）。

Topic 5-7　高齢者環境の査定尺度

　高齢者向けの一般住宅に関しては，高齢者が安全で快適に生活するためのデザインという建築設計上の問題が主に関心を集めており，多くの基準や評価尺度がすでに作成されている。たとえば，米国には **TESS・TESS-2＋**(Therapeutic Environmental Screening Scale；Sloane & Mathew, 1990, 1991）や **PEAP**（Professional Environment Assessment Protocol；Weisman et al., 1996）といった高齢者の施設環境を査定する標準化された尺度が存在する（**表5-1**）。日本でも高齢者や障害者に満足のいく住宅環境の整備をする能力の検定として，東京商工会議所が福祉住宅環境コーディネーター検定を実施している。

表 5-1　**PEAP** で測定される環境の特性（下位項目）(児玉ら, 2003)

1. 見当識への支援
2. 安全と安心への支援
3. プライバシーの提供
4. 環境における刺激の質と調整
5. 機能的な能力への支援
6. 自己選択の支援
7. 生活の継続性への支援
8. 入居者とのふれあいの促進

参考図書

呉　宣児（2000）．語りからみる原風景――心理学からのアプローチ
　　――　萌文社

　原風景に関する環境心理学の専門書。原風景という言葉自体はよく知られているが，学問として正確に定義することは難しい。本書は，そうした難問に対しての一つの答えである。

ムーア，R. C. 他　吉田鐵也・中瀬　勲（訳）（1995）．子どものための遊び環境　鹿島出版会

　子どもは小さな大人ではない。子どもにとって必要な環境は，大人とはまったく違うが，現状では子どものための場所であっても，子どもの要求を反映しているとは限らない。子どもにとって本当に望ましい場所を作るための方法を紹介した本。

寺本　潔（1994）．子どもの知覚環境――遊び・地図・原風景をめぐる研究――　地人書房

　大人は全員子どもだったことがあるのに，環境に対する子どもの視点を思い出すことも，推測することも難しい。子どもの視点は大人とは違うということを示してくれる本。

コーヘン，U.・ワイズマン，G. D. 岡田威海・浜崎裕子（訳）（1995）．老人性痴呆症のための環境デザイン――症状緩和と介護をたすける生活空間づくりの指針と手法――　彰国社

　認知症の高齢者は環境の影響を最も受けやすいグループの一つである。彼ら・彼女らが快適で，質の高い生活を送るために必要な施設環境の条件を研究し，建築デザインとして提唱する専門書。実例が豊富で，またデザインへの適用のマニュアルもついているのでわかりやすく，使いやすい。

児玉桂子・足立　啓・下垣　光・潮谷有二（編）（2003）．痴呆性高齢者が安心できるケア環境づくり――実践に役立つ環境評価と整備手法――　彰国社

　PEAP日本語版の標準化を含む，日本における認知症高齢者施設に

おける環境研究の最先端を示す専門書。

Walsh, W. B., Craik, K. H., & Price, R. H. (Eds.) (1992：1st ed.； 2000：2nd ed.). *Person-environment psychology : Models and perspectives*. Lawrence Erlbaum.

　環境心理学におけるパーソナリティと個人差を扱ったものでは最も詳しく優れた専門書。第1版と第2版があるが，内容はまったく別物なので，2巻組みの本と考えたほうがいい。

対人・社会環境 6

　多くの心理学の領域において環境とは，主として対人環境と社会環境を意味している。そして，環境心理学においても対人・社会環境は，物理的環境と並んで重要なテーマであり，特に，社会心理学との関連が強い研究領域である。

　対人・社会環境に関して，環境心理学では，特にそれをコントロールする「道具としての環境・空間の役割」の研究が重視されている。そしてそれらの背後にある中心的な概念をプライバシーと考えている。つまり，環境心理学において対人・社会環境をテーマとした研究の多くはプライバシーと環境の関係の研究と考えてもよいだろう。

6-1　プライバシー

　環境心理学でよく取り扱われる対人・社会環境的な研究トピックとして「パーソナルスペース」「テリトリアリティ」「クラウディング（混みあい感）」が挙げられる。これらのトピックは多くの場合，別々のテーマとして研究されている。しかし，これらの研究テーマの背後には，これらをつなぐ概念がある。それが**プライバシー**である。

　プライバシーというと，「人から離れること」「人から逃れること」と理解されることも多いと思うが，環境心理学における本来の定義は「他者に対する開放性/閉鎖性を調整するような変化過程」（Altman & Chemers, 1980）であり，言い換えると「個人の情報の外部への伝達や他者との接触を自分自身でコントロールする過程」のことである。

　つまり，望ましい他者との接触量の水準が存在しており，それよりも実際の接触の量が多いときには，「他者から離れること」がプライバシーの機能に望まれることになる。特に親の監督下にある青少年や有名人の場合にはこれが顕著であるため，プライバシーの欠如が強く意識されることになる。しかし，接触の量が少ないときには，「他者に接近すること」もプライバシーの機能に望まれることになり，これもまたプライバシーの問題なのである。そして，望ましい接触の量を調整するメカニズムがパーソナルスペースやテリトリアリティである（**Topic 6-1**）。

　また，望んでいる接触の量よりも，実際の接触の量のほうが極端に多い場合に，人は「クラウディング（混みあい感）」を感じ，反対に，望んでいる接触の量よりも，実際の接触の量のほうが非常に少ない場合は，「孤独感」を感じる。プライバシーこそが社

Topic 6-1　プライバシーを調整するメカニズム

　プライバシーを調整するメカニズムには，パーソナルスペースやテリトリアリティのような環境的メカニズムのほかに，①言語的メカニズム，②非言語的メカニズム，③文化的メカニズムも存在する。

言語的メカニズム

　言葉によりプライバシーの量を調整する交渉をすることである。他者との接触を望んでいないときに入ってきた相手には「閉まったドアが何を意味しているのか知らないのか！」というような言葉が発せられ，また，相手のプライバシーに対して交渉する場合には「数分邪魔していいかな」などの言葉が使われる。

非言語的メカニズム

　ボディランゲージなどを用いたメカニズムである。たとえば相手との接触をそれ以上望まないときに視線をそらしたり，時計を眺めるなどの行動をとったり，相手との接触を歓迎するときには，両手を広げて迎えたりすることがこれにあたる。

文化的メカニズム

　その文化におけるプライバシーに関する慣習やルールによるメカニズムである。たとえば，個室のオフィスにおいて，中に在席している場合でもドアが閉まっているときは面会ができる時間ではなく，ドアに隙間が開けてある場合には面会可能な時間であることを示すようなことである。

会環境に関する環境心理学の中心的概念とみなすことができる。

6-2　パーソナルスペース

　この概念の提唱者の一人であるソマー（1969）は**パーソナルスペース**とは「そこに侵入者が入ることが許されない，個人を取り囲む，目に見えない境界線に囲まれた空間である」と定義している（図6-1，図6-2）。パーソナルスペースは，それを所有する個人の周りを取り囲む大きなシャボン玉のような存在であり，その個人が移動すれば，パーソナルスペースも一緒に移動していく。そして，そこへの侵入は，空間の所有者に特定の反応，たとえば警告，攻撃，拒絶，あるいは歓迎を引き起こす。

　パーソナルスペースのもう一つの意味として他者との関係を示すメッセージを持っているということが挙げられる。この考えはホール（1966）によって**プロキセミックス**と名づけられ，対人間の距離がその当事者間の心理的な距離を示すと考えられている（**Topic 6-2**）。

　人は特に意識することなく，相手と状況に応じて適切なパーソナルスペースを使用している。パーソナルスペース，つまり相手との距離が意識されるのは，その距離が適切ではない場合だけである。適切な距離よりも相手が近い場合には，なれなれしさなどの不快感を感じ，相手に対して否定的な評価を持つ。また，相手が遠すぎる場合にも，疎外感や拒絶感などを感じ，やはり否定的な評価を持つことになる。

　パーソナルスペースは物理的な距離であるが，実際の物理的な距離と当事者の認知している主観的な距離は必ずしも一致しないことが知られている。この主観的に経験されるパーソナルスペー

6-2 パーソナルスペース　　　　113

図 6-1　ハトのパーソナルスペース

図 6-2　人間のパーソナルスペース

スは**ベータ・パーソナルスペース**とよばれ，物理的な距離である**アルファ・パーソナルスペース**と区別される（Gifford & Price, 1979）。ベータ・パーソナルスペースには非対称性があり，自分が相手からどのくらい離れているかという主観距離（「あなたは彼からどのくらい離れていますか」と聞かれた場合の距離）は，実際の距離よりも長いが，相手が自分からどのくらい離れているかという主観距離（「彼はあなたからどのくらい離れていますか」と聞かれた場合の距離）は実際の距離よりも短い傾向がある。

　パーソナルスペースは個人属性や社会・文化の要因によって変化する。

個人の要因

1. 性　　別……海外の研究ではパーソナルスペースは男性対女性，女性対女性，男性対男性の順に長くなるとされる。しかし，日本では女性対女性が一番短くなることも多い。

2. 年　　齢……パーソナルスペースは年齢に応じて拡大し，約12歳で成人と同じ大きさになる（Tannis & Gabbs, 1975）。

3. 精神障害と暴力傾向……統合失調症の患者はしばしば，健常者よりも広めのパーソナルスペースをとる（Srivastava & Mandal, 1990）。また，暴力的な囚人は他の囚人よりも広いパーソナルスペースを用いるが，これは他者への警戒心が強いためといわれている（Kinzel, 1970）。

社会・文化の要因

1. 不　　安……安心感を持っている相手よりも，人は不安を感じている相手には広いパーソナルスペースを用いる。たとえば，身なりのよい女性に対するよりも，若い粗野な印象の男性へのパーソナルスペースは広くとられる（Aiken, 1991）。

Topic 6-2　ホールによる対人距離の4つの分類

それぞれの距離に相対的に近い距離（近接相）と相対的に遠い距離（遠方相）の下位区分がある。

1. 親密距離……親密距離の近接相（0〜15cm）においては，身体的な接触を伴うような行動がとられる。たとえば親しい相手に愛情を伝えるふれあいには，この距離がとられる。遠方相（15〜45cm）は，ごく親しい間柄，たとえば，恋人同士がささやくような会話をする際に用いられる。親密距離では，相手に接触することが容易で，相手の体温を感じることができる。

2. 私的距離……私的距離の近接相（45〜75cm）は，親しい間柄，たとえば親友同士が会話を行う距離である。遠方相（75〜120cm）は，新しい友人や知人と会話をするような距離である。私的距離においては，相手の表情の細部まで見て取ることができ，互いに手を伸ばせば届く距離である。

3. 社会距離……社会距離の近接相（1.2〜2m）は知らない人同士が会話したり，商談をする距離である。遠方相（2〜3.5m）はより公式の面談をする際の距離である。社会距離では，相手の全身を見ることができるが，表情の細部はよく見えなくなる。また，相手からの身体的な接触を避けることも容易である。

4. 公共距離……公共距離の近接相（3.5〜7m）は，関係が個人的なものではなく，講演者と聴衆のように社会的な集まりで用いられる。遠方相（7m以上）は一方の人物の社会的な地位や重要性が高い場合などに用いられる。たとえば，外国の大統領が来日する際に，取り囲む群衆との間に置かれる距離である。この距離であれば，物理的な攻撃を避けることは容易である。

2. **魅　　力**……相手に魅力を感じている場合や親密な間柄の場合には短いパーソナルスペースがとられる。
3. **協力と競争**……二者が協力して作業する場面では，競争する場面よりも短いパーソナルスペースが用いられる。また，配置も変化し，競争場面では互いが向かい合う配置が選択されることが多いが，協調場面では並んで座る配置が好まれる（Sommer, 1969）。
4. **地　　位**……地位の高い人物および極端に低い人物に対しては広いパーソナルスペースが用いられる。たとえば，学生は教授に対して，同級生に対するよりも広いパーソナルスペースを用いるが，落第しそうな同級生に対しても広いパーソナルスペースをとることがある（Lott & Sommer, 1967）。
5. **文　　化**……アラブ人やラテンアメリカ人種は，北米人よりも短いパーソナルスペースを用いる。ヨーロッパ人種の中では，イギリス人，フランス人，オランダ人の順番に長いパーソナルスペースを用いる傾向がある（Hall, 1966）。

　パーソナルスペースの研究は，社会的コミュニケーションを調整するための環境デザインへと応用されている。コミュニケーションを促す環境デザインは**社会求心**（sociopetal）**セッティング**，コミュニケーションを減少させる環境デザインは**社会遠心**（sociofugal）**セッティング**とよばれる。典型的な社会求心セッティングは，向かい合ったり，丸いテーブルを囲むようにイスが配置された場面である。この配置のイスに座った人々は，自然に互いの顔をみて，会話をするようになる。典型的な社会遠心セッティングは全員が一方向を向いたり，一点から外向きにイスが配置さ

6-2 パーソナルスペース

図6-3 人の集団の間隔と向き
単に人と人の距離と向きを見るだけで，誰と誰がどのくらい親しい関係なのかが推測できる。

れた場面である。この配置のイスに座る人同士は顔を見ることができず、互いに意識することも少ない。長期療養施設のように、利用者間のコミュニケーションを促すことが求められている場面においては社会求心セッティングが求められ、図書館の閲覧室のように利用者間のコミュニケーションは不要であり、静かさが求められる環境では社会遠心セッティングが求められるだろう。

6-3 テリトリアリティ

テリトリーとは、パーソナルスペースと同じように、個体が占有する一定の広がりを持った空間のことである。しかし、パーソナルスペースが個体の周りを取り巻く空間であるのに対し、テリトリーは個体の位置とは関係なく、特定の場所に固定された空間である。そして、テリトリアリティ（領域性）とは、「個体自身、あるいは配偶者・子孫などの家族の安全を確保するためにテリトリーを守ること、が守られること（守る意識・行動・機能）」である。これはある種の動物（たとえば、アユやモズなどが有名）に見られるが、人間にも同様の機能が見られる。人間のテリトリアリティの表出には、物理的空間やモノに対して個人または集団が行う長期的な占拠、防御、パーソナライゼーション、マーキング（**Topic 6-3**）などが含まれる。人間のテリトリーにはさまざまな広さがあり、一人の人間が複数のテリトリーを持つ。また、他者をテリトリーに招き入れることで、親密な社会的関係を作り出すことも人間のテリトリーの特徴である。

アルトマン（1975）はテリトリーを次の3種類に分類している。
1. **1次テリトリー**……1次テリトリーとは、個人またはごく親密な集団（たとえば家族）によって独占的に占有されており、他者

Topic 6-3　パーソナライゼーションとマーキング

　その場所がテリトリーとして占有されていることを他者に示すための方法としてパーソナライゼーション（個人化）とマーキングがある。

　パーソナライゼーションとは，たとえば，オフィスの机の上に家族の写真を飾ったり，壁にお気に入りのポスターを貼ったりすることである（図6-4）。**マーキング**とは，そこが占有済みであることを他者に伝える印である。たとえば，映画館の自由席に荷物を置くことで席を確保するような行為である。暴走族や街でたむろする若者のグループが，街角に自分たちのグループの名前やシンボルを落書きすること（タグやグラフィティ）も，その地域が自分たちの縄張りであると主張するためのマーキングを目的としていることがある。

図6-4　オフィスの自分の机のパーソナライゼーション

がその占有を明確に認めている空間である。そこは長期にわたって，占有者の生活の中心となる重要な場所である。たとえば自宅，寝室，自室，自分専用の個室のオフィスなどが1次テリトリーとなる。こうした空間は，占有者にとって安全やプライバシーを維持する上で物理的に重要な機能を果たしているほか，ストレスから回復したり内省をする空間として心理的にも重要な意味を持つ。また，場所アイデンティティ（5-4参照）の対象になることもある。そこへの歓迎されない侵入者は，占有者に重大な物理的，精神的な被害をもたらすため，占有者に強い防御反応・行動を引き起こす。

2. 2次テリトリー……2次テリトリーとは，1次テリトリーほど生活の中心となるものではないが，日常生活においてある程度の重要性を持つ空間である。たとえば，職場の机，お気に入りの喫茶店の席，近所の酒場などである。これらの空間の占有は比較的短期のものであり，他者が侵入してくることに対する防衛的な反応行動も1次テリトリーよりは弱い。

3. 公共テリトリー……公共テリトリーとは，そこに入る資格を持ち，社会的ルールを守る者すべてに開放されているテリトリーである。たとえば，公園，公共の場のベンチ，カフェテリアのテーブルなどがある。この場合，占有は短期的で，非常に弱く行われる。たとえば，カフェの席に荷物を置くことで，その席を確保するようなことである。

　この3種類に加えて，別の2種類のテリトリーも提唱されている。

1. 相互テリトリー……相互テリトリーとは，共同的な活動を行

図6-5　1次テリトリー：個室のオフィス

図6-6　2次テリトリー：オフィスでの自分の机

図6-7　公共テリトリー：図書館での一時的な席

っている集団によって一時的に占有されている空間を意味する。たとえば，使用中の教室や家族連れがピクニックをしているグラウンドである。テリトリーとして占有されているという明確な印はあまりないが，侵入者は礼儀知らずの者，あるいは割り込んできた者として非難を受けることがある（Lyman & Scott, 1967）。

2. 身体テリトリー……身体テリトリーとは，身体自身，つまり皮膚の表面をテリトリーの境界とみなすことである。個人は化粧をしたり，装飾品や衣類で身体をパーソナライズし，また他人の身体への接触をコントロールする（Lyman & Scott, 1967）。

6-4 ホームアドバンテージ

テリトリーのもう一つの機能として，テリトリーの所有者は自分のテリトリーにおいて，他者に対して優位に立ち，支配力を発揮できるという点がある。この例として，スポーツにおけるホーム（地元）の競技場における優位性（**ホームアドバンテージ**）がある。

特にホームアドバンテージが強調されることが多い競技の一つであるサッカーのJリーグにおける記録を調べてみよう。ホーム（地元）とアウェー（敵地）のそれぞれでこれまでにJ1の公式試合を100試合以上行っている18チームを対象とし，2007年11月11日までの全試合の結果を分析すると，ホームにおける勝率は51.3％（引き分けを含む非敗北率は60.2％）で，アウェーにおける勝率は41.5％（非敗北率は50.9％）になる。したがって，ホームにおいては，アウェーの1.24倍（51.3/41.5）勝利の確率が高くなるという優位性が認められた。非敗北率も同じ程度（60.2/50.8＝1.18）高くなる。チームごとに分析してみると，この優位

6-4 ホームアドバンテージ

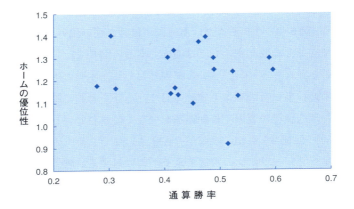

図 6-8　J1 の 18 チームの通算勝率とホームの優位性
ホームの勝率をアウェーの勝率で割ったもの。

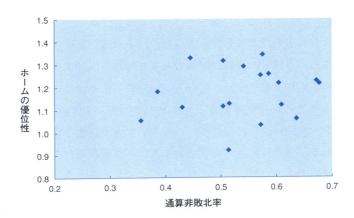

図 6-9　J1 の 18 チームの通算非敗北率とホームの優位性
ホームの勝率＋引き分け率をアウェーの勝率＋引き分け率で割ったもの。

性は，チームの強さ（通算勝率）とはあまり関係がなく，強いチームでも弱いチームでも1.1から1.4倍程度の優位性があることがわかる（図6-8）（1チームだけホームのほうが弱い例外がある！）。この傾向は，非敗北率でもほぼ同様である（図6-9）。

このホームアドバンテージの原因としては，ホームチームはホームの競技場の特徴をよく知っており，それを有利に生かせるという物理的環境の要因や移動距離が少なくてすむという競技者の身体的・心理的な負担の要因が存在する。また，ホームチームへのサポーター・ファンの声援と敵チームに対する妨害，およびそれに影響を受けた審判のホームに有利な判断がそれらの効果を倍増させていることも大きな原因である。

6-5　クラウディング（混みあい感）

人はどのような場合に混みあっていると感じるのだろうか。もちろん，一定の空間における人の数，つまり人口密度と混みあっているという感覚の間には関係がある。しかし，特に集中したい場合のように，たった一人でも人がいることを不愉快に感じる場合もありえるし，盛り上がっているコンサートの会場のように，周りを取り囲むようにして多くの人がいても不快感を覚えない場合もある。つまり，混みあっているという感覚は単に人口密度が高い状態からではなく，他者の存在を過剰で不快と感じるような状態から生じる。この混みあっているという主観的な経験を**クラウディング（混みあい感）**とよぶ（表6-1，表6-2）。

クラウディングは状況，感情，行動の3つの要素から成り立っている。

1. 状況の要素……クラウディングを感じさせる状況は，行動の

表6-1 クラウディングに影響する要因

- 性別,年齢,パーソナリティによってクラウディングから受ける影響は変化する。たとえば,女性のほうが,男性よりも,クラウディングにうまく対処できるし(Aiello et al., 1983),内的なコントロールの所在を持つ者は,外的なコントロールの所在を持つ者よりもクラウディングのストレスに強い(McCallum et al., 1979)。
- 自宅や職場ではクラウディングのもたらすストレスが大きい。
- 長い廊下(Baum & Valins, 1977),低い天井(Savinar, 1975),採光不足(Nasar & Min, 1984)はクラウディングのストレスを高める。

表6-2 高い密度の行動への影響

- 高密度下では作業の効率が落ちる。人に注目されている場合には,特に複雑な作業の効率の低下が顕著である(Nagar et al., 1988)。
- 熟練した行動に関しては,クラウディングの影響は小さい(Nagar et al., 1988)。演劇や演奏の場面のように,多くの観客がいることが,パフォーマーに張り合いを感じさせ,行動によい影響を与える場合もある。
- クラウディングが作業効率を下げる原因としては,混みあっている状況では行動の選択が限られたり,判断が難しくなるからという説(行動拘束モデル。たとえば Stokols, 1972)と,クラウディングがもたらす過剰な情報の入力が,人の情報処理に過負荷を与えてしまうからという説(過剰負荷モデル。たとえば Milgram, 1970)が提唱されている。

制約を受け，または感じて，思うように行動できない場合と，他者の存在が気になる（プライバシーが不足する）場合がある。

2. 感情の要素……クラウディングには，他者への否定的な感情，たとえば，怒り，いらだち，不安，絶望，自棄などを伴うことが多い。しかし，うまく状況に対処できた場合には，興奮を引き起こすことがある。盛り場やお祭りでうきうきした気分になるのがこの例である。

3. 行動の要素……クラウディングを経験している人がとる行動には，主張（抗議する。意見を言う），目的の完遂（目的を済ませて，さっさと立ち去る），心理的撤退（その場にとどまるが，混みあいは無視する），物理的撤退（目的を諦めて，立ち去る），適応（その場でできる最良のことをする。楽しみを見出す。状況を変化させようとする）などがある。

6-6 人員配置理論

人々がある限定された空間において，特定の目的のために活動している場面を行動セッティングとよぶ（**Topic 6-4**）。たとえば，学校の授業は行動セッティングの一つであり，2種類の人間（教師と学生）と多くのモノ（机，イス，黒板など）が教室に集まり，知識を伝達する行為を行っている。それぞれの行動セッティングには目的を遂行するために最適な人数の範囲があり，その範囲を超えると，最適な状態とは違った現象が生じる。これを説明する理論が**人員配置理論**である。

人員が不足している状態では，適切な数の人員がいる場合よりも，構成員は大量・多様な仕事を活発に行う。こうした仕事の中には，人員が十分に足りている場合にはまだ任されないような，

Topic 6-4　行動セッティングとシノモルフ・シノモルフィ

　行動セッティングとは生態学的心理学を創始したバーカー(1968)によって提唱された概念であり、「①行動セッティングプログラムとよばれる順序性を持つ一連の行動を遂行するための機能を持ち、②協調的に相互作用する置換可能な人間および人間以外の要素から構成される、③空間的・時間的に限定された自己調整機能を持つ階層システム」と定義される。

　補足すると、置換可能とは、たとえば、授業という行動セッティングにおいては、学生は特定の人物である必要はなく、別の人物に入れ替わっても、その行動セッティングは同じ機能を果たすということである。

　階層システムというのは、一つの行動セッティングが、より小さい規模の行動セッティングを要素として含みながら、より大きな規模の構成要素になっているようなことをいう。たとえば、授業セッティングは、学生とイス、机からなる「受講セッティング」を含み、さらにより大規模な「学校セッティング」の一部である。

　行動セッティングを構成する人間と人間以外の要素は調整された関係を持っている。たとえば、うまく機能している教室セッティングでは、黒板は教師にとって書きやすく、学生には見やすい位置と高さに設置されている。机はイスに座っている者が快適に書くことができる高さになっており、その間を人が支障なく歩ける間隔をあけて配置されている。このように調和している人間の行動とモノの組合せはシノモルフとよばれ、この状態をシノモルフィとよぶ。シノモルフは普段は意識されないが、この調和が崩れた場合に意識され、強い不快感が生じる。

経験の量に比べて重要で難しい仕事も含まれる。また，他の構成員へのアドバイスや援助を頻繁に行うが，不適切な行動をした構成員を非難することは少ない。その結果，人員不足の状態にある成員は自分自身に能力があり，重い責任を持つ重要な人物であると考えるようになる。

古典的研究書である『大きな学校，小さな学校』(Barker & Gamp, 1964) は，生徒数の少ない高校の生徒は，適正人員（あるいは過剰人員）の高校の生徒と比較して，学校行事で多くの責任ある役割を果たし，その結果，より「活動に積極的であった」「重要な役割を果たしていた」「必要とされていた」などと感じていたことを報告している。

一方，人員過剰状態では，人員不足状態と反対のことが起こる。つまり，構成員の仕事は狭く専門化し，他者への援助や助言を行うことは少なくなる。また，責任感や有能感は生じにくく，仕事への情熱は失われ，必要なことだけを行う傾向が生まれる。

参考図書

ホール，E. 日高敏隆・佐藤信行（訳）(1970)．かくれた次元　みすず書房

　プロキセミックスを確立した著作。下の本と並ぶパーソナルスペースについての古典的文献。

ソマー，R. 穐山貞登（訳）(1972)．人間の空間——デザインの行動的研究——　鹿島出版会

　社会遠心・求心デザインを提唱した環境デザインの研究の先駆的文献でもある。

ウイッカー，A. W. 安藤延男（監訳）(1994)．生態学的心理学入門

九州大学出版会

バーカーの弟子であった著者による,生態学的心理学の概論書。

アルトマン,I.・チェマーズ,M. 石井真治(監訳)(1998).文化と環境　西村書店

人間のテリトリー行動研究の第一人者であるアルトマンの著作の中で,現在唯一日本語で読める本。3種類のテリトリー分類の定義のほか,テリトリアリティに興味がある読者には一番よい本。

小林秀樹(1992).集住のなわばり学　彰国社

日本語で書かれているテリトリアリティの著作では一番よくまとまっている。特に建築に関する記述が詳しい。

渋谷昌三(1990).人と人との快適距離——パーソナル・スペースとは何か——　NHKブックス

パーソナルスペース研究の入門書としてはわかりやすく,またかなり詳しい。

Festinger, L., Schachter, S., & Back, K. (1950). *Social pressures in informal groups : A study of human factors in housing.* Harper & Brothers.

対人・社会環境に関しては,和書と翻訳書も比較的充実しているので,洋書としては古典中の古典を紹介しておく。特に,本書の中で紹介した,大学寮における部屋の距離と住人の交友関係の間の相関関係を示した研究は,社会心理学,環境心理学だけでなく,建築計画に対しても大きな影響を与えてきた。

住環境と都市環境 7

　「住環境」は，人間にとって最も重要な環境である。環境心理学では，物理的な住環境「ハウス」と，そこに住民の心理的な意味や機能が加わった「ホーム」の違いに関して多くの研究と議論がなされてきた。また，ホームから移動する・させられることがもたらす心理的影響や，特殊な環境に住むことの影響についても検討されている。

　大きなスケールで住環境を捉えた場合には，都市生活における心理学についても多くの研究の蓄積がある。これまでの研究では，大都市の病理や問題に焦点が当てられることが多かった。しかし，最近では都市生活のすばらしさ，利点について注目した研究も増加し，都市化が進む現代にあって，これから多くの研究成果が期待される分野となっている。

7-1　ハウスとホーム

　ハウス（house）とホーム（home）は共に家を意味する英語であるが、そこには大きな違いがある。ハウスという場合には、現在住んでいる建物・部屋を意味しているが、ホームという場合には、そういった物理的な構造物に加えて、それに対する住人のさまざまな心理的意味が含まれる。

　たとえば、トグノリ（1991）はホームの持つ意味として、①活動の中心・場所愛着の対象、②永続・調和・規則性、③安息・プライバシーのための場所、④場所アイデンティティの対象、⑤社会と家族との関係を持つ場所、⑥社会・文化的活動の場所、を挙げている。また、デプレ（1991）は、⑦自身の考えと価値の反映、⑧自分の地位の誇示、を加えている。日本語でハウスとホームを、こうした定義に従って正確に訳し分けることは難しいが、便宜的には、ホームを「我が家」と訳し、ハウスを「住宅」と訳すことができるだろう。

　現在住んでいる家でも、住人がこうした意味を持つことができない場合には、それは住宅・ハウスではあっても、我が家・ホームではないことになる。家が我が家・ホームになっていない人の中には、現在一人暮らしをしていて、離れて暮らしている家族の住んでいる家こそが我が家・ホームであると考える者もいるし、現在は失われてしまった、あるいは引っ越してしまい、離れてしまった昔の家こそが我が家・ホームであると感じている者もいる（畑・羽生、2007）。家が我が家・ホームになっていない場合には、住人は十分な安全やプライバシーを感じることができないことに加え、十分な身体的、精神的回復をすることも難しくなり、健康上の問題を引き起こすこともある。

Topic 7-1 スラム

　都市部にある，古く施設の悪い建物に，高い人口密度で比較的貧しい人々が住んでいる地域を**スラム**とよぶ。歴史的に見て，劣悪な住環境は都市部を中心に世界的に広く存在しており，そうした場所は伝染病の発生源になったり，犯罪の温床になるなどして貧民窟，スキッド・ロウなどの「暗黒の都市」のイメージの源泉となってきた。しかし，第三者からはスラムに見えるような，古く人口密度が高い状態で利用されている地域は，すべてスラムであり，住人の生活は劣悪で，不満な生活を送っているのだろうか。

　ガンスの『都市の村人たち（*Urban villagers*）』（1962）は，ボストンのウエストエンドに存在していた，第三者にはスラムに見えていた地域の生活について報告している。この地域では，イタリアから移民してきた人々が，比較的小さな家に大家族で暮らしていた。自宅で商売を行っている家族も多いため，多くの家族では，その人数に対して部屋数が不足しており，高密度で住むことを強いられていた。そのため，住民の中に自分自身の空間がもてないことや，プライバシー不足に対する不満は存在していた。しかし，基本的に家族間の交流が豊かであり，また，隣近所との交流が盛んで地域全体のコミュニティは強く結束していた。そのため，住民たちの住環境に愛着を持ち，満足度は決して低いものではなかった。しかし，この地域は都市再開発の対象となり，住民たちは，それぞれ別の地域に引っ越すことを強いられた。その結果，コミュニティの結束は崩壊し，その後住民たちには元の地域を懐かしむ気持ちが強かった。このように，一見スラムに見える場所と本当に劣悪な住環境は分けて考える必要がある。

7-2 高層・超高層住宅

　高層住宅とは6階建て以上の住宅であり，そのうち20階を超えるものを**超高層住宅**という。国土の狭い日本では，有効な土地利用を実現するために団地やマンションとして高層住宅が多く建設されており，また，超高層住宅も都心・都市部のマンションとして多く建設されている（図7-1）。

　超高層住宅の多くは高級マンションとして建設されていることからもわかるように，超高層住宅，特にその高層階には，何か人を惹きつける魅力がある。それは，眺望のよさであり，また，都心部に住める利便性であるが，加えて，高所から地上を見下ろす感覚，そして，多くの超高層マンションが非常に高価であることもステータスを感じさせるのであろう。

　しかし，高層住宅，特に超高層住宅の高層階に生活することには，多くの問題が指摘されている（小俣，1997）。まず，高層住宅が持っている構造がもたらす問題として，高所のもたらす恐怖感や閉塞感，そして，地上への移動手段をエレベーターに強く依存するため，災害時に逃げ場が制限されることへの不安や恐怖感が指摘されている。

　こうした問題のため，超高層階の住人は大きなストレスを感じたり，さらには身体的な問題（高血圧や流産）が起こる割合が高いという東海大学の逢坂グループの報告もある。また，こうした問題は特に子どもにとって影響が大きいといわれ，精神的な問題や生活上の問題を引き起こす。また，子どもが一人で外出することが困難であったり，親が不安を感じるため，子どもの単独の外出が減り，子どもの自立が遅れる傾向があることも指摘されている（Oda et al., 1989）。

7-2 高層・超高層住宅

図7-1 さまざまな超高層住宅の例
超高層住宅は魅力のある新しい形態の住宅であり,「超高層マンションの暮らしに向いた人たち」には質の高い生活を提供してくれるが,すべての人にとって理想の住居になるとは限らない．

7-3 環境移行

環境移行とは，人間と環境がシステムを構成（相互交流・浸透）していると考えた際に，通常は安定しているそのシステムが，人間側あるいは環境側の変化により崩壊し，再構成され，再び安定した状態になるまでの過程を意味している（山本・ワップナー，1991）。特に，大きなシステムの破綻をきたす危機的移行や，急速な移行が問題となる。たとえば，システムに破綻をきたす人間側の要因には，進学，就職，結婚のような多くのライフイベントがあり，特に危機的なものとしては，離婚や重要な人物との死別などがある。環境側の変化としては，上に挙げたライフイベントに伴うものを含む引越しや住居の建て直しなどがある。危機的なものとしては，ダム開発，都市再開発，道路用地買収などによる強制的な転居や大規模災害による住居の破壊や喪失，高齢化や病気などによる施設への入居などがある。

こうした環境移行は，物理的な環境の変化と人間関係や習慣・地域文化，社会制度などの社会・文化的な変化を伴う。そのため環境とシステムを再構築するためには大きな心理的，身体的負担が要求される（**Topic 7-2**）。このようなことから，環境移行は肯定的な発達や成長の機会にもなりうるが，特に急速で危機的な移行では，システムを調整する過程において危険な状態に陥ることも多い。たとえば，大地震によって自宅が崩壊し，仮設住宅に移行した避難者は，家や財産を失ったショック，悲嘆とどこにも責任を持ち込めない怒り，および新しい環境へ適応するための負担などで，心理的にも身体的にも危機的状態に陥ることがある。また，高齢者を施設から別の施設に強制的に移動させた場合には，死亡率が劇的に高まることが知られている（Bourenston & Tars,

Topic 7-2　アンカーポイント理論

　個人がどのようにして新しい環境に適応していくのかということに関する理論の一つが**アンカーポイント理論**である（Golledge, 1978）。

　この理論によれば，新しい環境に移行してきた個人は，住むための住居，食料や生活必需品を購入するための商店，および職場や学校などの通うべき場所に移動することが必要であり，それらのノードと地点間を結ぶパスによって形成される認知地図を最初に獲得する。続いて，そうして最初に獲得された経路に沿ってその地点の周辺に関する知識が認知地図に追加されていく。さらに時間が経過すると，最初の地点以外の活動拠点も加わり，経路に関する知識も増加し，認知地図は複雑化する。

　こうして獲得された認知地図上の地点や経路には訪問・使用頻度を反映した知識の量の違いが生じる。認知地図にはこうした知識の量を反映した濃淡が生まれる。アンカーポイントとは，こうした認知地図上の知識の濃い地点をさしており，周辺の地域に対する認知の中心，あるは参照点となる機能を果たしている（図7-2）。

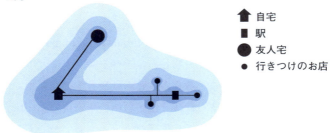

図 7-2　アンカーポイントと認知地図
これは仮想の学生の認知地図である。色の濃さが，認知地図の詳しさを表している。自宅，友人宅，最寄り駅のような主要なアンカーポイントとそれを結ぶパスの周辺に詳しい認知地図が形成されているが，アンカーポイントがない方向に認知地図はあまり広がっていない。アンカーポイントの位置の影響が大きいため，個人の認知地図が自宅を中心にして空間的に均等に広がることは少なく，異方性が見られることが多い。

1974)。

7-4　住居の選択・引越し

　日本人とイギリス人の約3分の1が，北米人とオーストラリア人では約半分弱が5年以内に引越しをする（Stokols & Shumaker, 1982）。人はいろいろな理由で引越しをする。転勤や結婚，子どもの誕生や独立などの人生の転機を契機に引っ越すこともある。集合住宅から一軒家に引っ越すなどの，住居のタイプを変更することを目的とした引越しもある。また，健康上の問題や高齢による生活や健康上の変化が理由で施設への移行が行われる場合や，都市の再開発や公共施設建築のために引越しを強いられる場合もある。自分の意志で引越しを決め，引越し先を決めた場合よりも，強制的に引越しをさせられ，引越し先の選択肢もなかった場合には，引越しそのものと引越し先に対する満足度は低くなる傾向がある。そして，引越し先の環境が不適当で，住人が順応することも環境を改善するために調節することもできない場合には，身体的な問題を引き起こすことも多い（Stokols & Shumaker, 1982）。

　それでは，自分の意思で引越し先を選べる時，人はどのような基準で住居を選択するのだろうか。費用は最も重要な要素である。他の条件が同じであれば不動産・住居の価格や家賃の安いほうが選ばれるし，引越し先の物価も重要な決定要素の一つである。一方，生活環境としての質（治安，重要な施設（学校，病院，職場，商業施設，親戚・友人の家など）の存在，近隣の住宅の質やタイプ，騒音，大気汚染，土地利用・密度などの環境の全体的な質，植物や自然の存在など）と重要な場所との距離も引越し先の地域を決定する重要な要因である。また地域のイメージも住居の選択

Topic 7-3　場所のイメージと居住地の選択

　住居が存在する**場所のイメージ**は，どの程度居住地の選択に影響を与えているのだろうか。羽生（2006）は，東京23区の代表的な街を引越し先として選択する際に，それぞれの街のイメージがどの程度影響しているかを検討している。実験参加者には，もしもそれぞれの街に住む場合にいくらの家賃ならば払ってもいいかと尋ねた。図7-3は，統計処理によりそれぞれの街が通勤・通学先から等距離にあるように調整した場合の，イメージのもたらす「払ってもいい家賃」の違いである。基準としている街は赤羽であり，赤羽と明らかに違いがある街だけを示してある。もしも，自由が丘と錦糸町と赤羽までの通勤通学時間が同じ場合，自由が丘に住めれば1万5000円家賃が高くてもいいと思うが，錦糸町に住む場合には1万円安くないといやだということである。イメージにより，これだけの経済的な差が生まれていることになる。

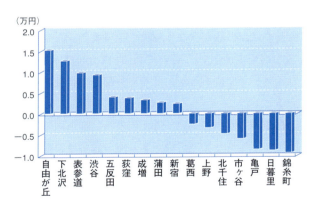

図7-3　各街に住む場合に払ってもいいと思う差額

に影響を与えることが報告されている（羽生，2006）(**Topic 7-3**)。

7-5 都市生活

都市を町や村から区別する特徴は，規模の大きさ，密度の高さ，そして多様性・多機能性である。つまり，面積が広く，人口，施設の数，経済活動などのあらゆる点で規模が大きく，また，人口密度も土地利用の密度も非常に高く，多様な人間，施設，機能が存在する場所が都市である。

現在，世界中で都市生活者が増加している。都市にはいろいろな定義があるが，人口50万人以上を都市と定義した場合には，2000年では世界の人口の約50％が都市に住んでいることになる。特に発展途上国では人口が都市に集中する傾向がある。

都市には相反する2つのイメージがある。一つは，商業・文化の中心で，活気とスピード感溢れた刺激的な場所というものである。もう一つは，自然が少なく殺風景な環境で，人間性の乏しい，ストレスの高い場所というものである (**Topic 7-4**)。単純化されすぎたイメージではあるが，どちらも都市の特徴の違う面を反映している。

まず，都市の悪い面について考えてみる。都市環境における典型的な問題には騒音と大気汚染があり，これらは初期の環境心理学における中心的テーマであった。光化学スモッグと攻撃的行動や精神的な疾病の増加の間に関係があることが報告されている（Rotton & Frey, 1984, 1985）。また，高レベルの騒音が他者への援助行動を減少させることが報告されている（Mathews & Canon, 1975）。また，都市には人口の多さと密度の高さという特徴

Topic 7-4 都市と犯罪

　一般に都市部における犯罪発生率は高いが，これには複数の視点からの説明が可能である。

　まず，都市にはいろいろな場所があり，さまざまな人々が，昼夜を問わず活動をしている。したがって，多様な場面が生まれるために，①犯罪者が犯罪の対象を見つけることが容易なために「犯罪者を引きつける場所」（たとえば，痴漢にとっての満員電車やスリにとっての人ごみ）がたくさんあり，また，②人々の接触の機会が多いために「犯罪を生み出してしまう場所」（たとえば偶発的な暴行・けんかが多発する繁華街）や③犯罪を抑止する力が弱いために「犯罪をしやすい場所・可能にする場所」（たとえば，建物の陰の死角になる場所や人通りの少ない裏通りや歩行者用トンネル）も多く存在するという，犯罪多発環境に対するルーティンアクティビティ理論に基づく環境犯罪学的な説明がある（10-2参照）。

　また，国によっては，都市の中心部は低所得者が住み，中高所得者は都市の周辺あるいは郊外に住む傾向があり，そのことが都心部と周辺地域に質的な違いを生み出す。したがって都市住民の属性，住民たちの価値観や下位文化，あるいは反社会的行動の見本（役割モデル）の存在が犯罪傾向に影響するというような，生態学的視点からの社会学による説明も可能である。

　最後に，都市における人間関係の特異性に原因を求める，社会心理学による説明もある（**Topic 7-5**）。

もある。そのためのクラウディングも都市生活の重大な問題である。高いクラウディングは，精神的・身体的ストレスの原因となり，特に広いパーソナルスペースや単独行動を好む者には強いストレスを生み出す。

多くの人々が住んでいる半面，都市生活者の代表的なステレオタイプの一つは，「孤独な都会人」というものである。これは，都市の非人間性を象徴するイメージであろう（**Topic 7-5**）。だが，このステレオタイプは常に正しいわけではない。実際に都市生活者の親密な友人の数や知人の数，そして交際の質や頻度は，非都市生活者とそれほど変わらないとされている。しかし，都市は見知らぬ他人で溢れており，個人はそのすべての人間に対して関係を持とうとはしないし，持つことは不可能である。したがって，友人・知人に対しては友好的で，親密な関係を持っていても，都市におけるその他多くの他者との対人関係は冷たい印象を与えるものになる。都市生活者は私的人間関係よりも，それ以外の公的な人間関係の割合が圧倒的に大きいために，「都会人は冷たく，孤立している」という見方が生まれるのである。

また，都市生活では，他者への接触回数や他者からの要求，選択肢，そして視覚的・聴覚的情報量が非常に多い。これらが，都市生活者に処理しきれないほど多くの刺激を与え，都市生活者の行動様式に影響を与えているとするのが，ミルグラム（1970）の**過剰負荷モデル**（6-5参照）である。過剰負荷状態とは「同時または連続して提示される一連の入力を，人間というシステムが処理しきれない状態」である。過剰負荷状態にある都市生活者は，入力される情報を減らすために，孤立や他者からの欲求の拒絶という行動をとる傾向がある。しかし，こうした行動は，主として

Topic 7-5　都市の社会的病理——援助者の不在

　1963年3月13日，米国のニューヨーク州で起きたキティ（キャサリン）・ジェノビーズ事件は都市の社会的病理を示す典型的な事件であった。深夜，帰宅途中であったジェノビーズ（若い女性）は中流住宅地域で35分間に「3度」も襲撃を受け，最終的に致命傷を受けて死亡した。最初2回の襲撃は路上で起こり，最後の襲撃は彼女のアパートの入り口前で起こった。最初の襲撃の騒ぎで，道路周辺の住民は目を覚まして窓から外をのぞいており，最終的には38人もの地域住民が事件全体あるいは一部を目撃していたことが後に判明した。しかし，犯行時には誰一人として直接助けに向かわなかったどころか，警察に通報した者もいなかった。この事件は，都市の社会病理としての「他者への援助行動の不在」として注目を集め，その後，援助行動に関する多くの研究が行われた。その結果，都市生活者が援助行動を行わない理由として以下のような原因が挙げられている。

1. 他者への無関心，不干渉……過剰負荷モデルで説明されたように，都市生活者は他者との接触を制限する傾向があり，これが他者への無関心，不干渉の形をとり，援助行動を行わない傾向を生み出す。

2. 責任の拡散……都市においては，多くの個人が存在するため，必要な行為であっても，自分の責任であるとは感じず，誰かがやるだろうと思い，結局誰も行わない結果になる。

3. 匿名性……都市では互いが見知らぬ者同士であることが多いために，必要なことをやらなかった場合でも責められるという感覚を持たないですむことが多い。そのため，必要なことを行わない傾向が生まれる。

見知らぬ他者に向けられており,私的な人間関係に向けられるものではない。

　一方,都市生活には多くの肯定的な面も存在する。もしも,都市の刺激の量とスピードに順応できたならば,都市はほかにはないさまざまな情報,労働,利便,娯楽の機会を与えてくれる。また,都市には多様な能力,関心,価値観を持った人が住んでいるために,**サブカルチャー(下位文化)**が存在できる。多様なサブカルチャーが存在するために必要なことは,一定の量を超える人数がその地域内に存在することである。たとえば,3,000人に1人インド楽器の愛好者がいるとすると,100万人都市には300人のインド楽器の愛好者がいることになる。この人数は愛好会を維持したり,公演をするのに十分な人数であり,1つのサブカルチャーを形成する。しかし,3,000人の町では,1人の仲間を見つけることも困難であろう。

　都市生活を肯定的に経験するためには,都市から受ける刺激が適当な量で,順応できるレベルにあることが必要である。このように順応できる刺激の量を**順応水準**とよぶ(Helson, 1964)。順応水準には個人差があり。同じ刺激の量でもある者には過剰負荷になり,別の者には過小負荷になる。この個人差の要因には,スクリーナー/ノンスクリーナー(5-2参照)のようなパーソナリティ特性もあるが,過去の経験も重要である。刺激の少ない環境に暮らしていた人は,多い環境に暮らしていた人よりも,順応水準が低い傾向がある。たとえば,小さな町から中規模の地方都市に引っ越してきた人は,その都市を,混雑してストレスの高い(あるいは刺激的な)大都市であると感じる。しかし,大都市から同じ地方都市に引っ越してきた人は,刺激の少ない,退屈な

7-5 都市生活

図7-4 都市生活者たち
人がたくさんいる場所をにぎやかで楽しい場所と感じられる人と，人が多すぎて不快な場所と感じる人がいる。

（あるいは落ち着いた）田舎だと感じるだろう．このように都市生活をどう経験するかには個人差があるが，多くの個人にとっては順応水準の範囲にあり，大都市の持つ多様な機会と利便性を楽しんでいるのである（図7-4）．

7-6　居場所とサードプレイス

　居場所とは，本来は自分がいる場所という物理的空間のことであるが，近年では，そこにいることで安心できる場所，くつろげる場所，ありのままの自分でいられる場所，さらにはそこにいることが他者に受容・承認される，居てもいい場所，のような意味で使われるようになっている（住田・南，2003）．

　こうした使われ方がされるようになってきた背景には，住環境，都市環境の変化により，実際に自分自身のいられる空間が制限されたり，快適に時間を過ごせる場所が減少したこともあるが，「居てもいい場所」という意味の「居場所」に関しては，社会全体における対人関係が希薄になってきたために，以前と比べ共同体の中で受容，承認を受けられる関係性や機会が減っていることが原因であるとも指摘されている（住田・南，2003）．特に子どもにとっては，こうした居場所における他者からの受容や承認は，自己確認や自己肯定感を感じ，精神の安定や安心感を保つために必要であり，正常な自己と他者との関係形成能力を発達させるための重要な要素の一つである．

　オルデンバーグ（1991）が提唱したサードプレイスという概念も，都市生活者の居場所に関するものであり，「自宅（ファーストプレイス），職場・学校（セカンドプレイス）を結ぶ第三の場所」として定義される（Topic 7-6）．それは，公共の場所であ

Topic 7-6　サードプレイスの特徴と機能 (Oldenburg, 1991)

- 常連が集う，社会的な役割とは無関係でニュートラルな居場所。
- にぎやかで明るい雰囲気を持つ。
- 営業時間が長い。
- ありのままの自分に戻れる。
- いろいろな人との出会いの場を提供してくれる。
- 知的な会話の場であり，個人的なオフィスになることもある。
- 地元にあり，いつでも利用できる。
- 多様な人々を受容する。

図7-5　さまざまなサードプレイス

りながら，個人にとっても「自分の場所」といえる場所である。たとえば，イギリスのパブやフランスのカフェがその典型であり，他にも喫茶店，居酒屋，本屋，床屋・美容室，大通りなどがその役割を果たすことがある。そして，近年都市の魅力を高める重要な要素として，サードプレイスの機能が注目されている。

参考図書

小俣謙二（編著）（1997）．住まいとこころの健康——環境心理学からみた住み方の工夫——　ブレーン出版

　内容は住環境をめぐる心理的な問題と，それを解決するための提言に関する包括的な内容である。また外国の文献の引用が体系的になされている。

中島義明・大野隆造（編）（1996）．人間行動学講座3　すまう——住行動の心理学——　朝倉書店

　心理学と建築・環境工学の研究者がさまざまな視点から住環境の心理学的要素に関して論じた本。住環境の心理学的要素に関して日本のオリジナルの研究を知るには一番必要な本であろう。

クルパット，E. 藤原武弘（監訳）（1994）．都市生活の心理学——都会の環境とその影響——　西村書店

　都市に関連したテーマを認知・社会・対人と幅広く扱っている。都市環境の心理学について一番最初に読むべき本。

山本多喜司・ワップナー，S.（1991）．人生移行の発達心理学　北大路書房

　タイトルは発達心理学だが半分は環境心理学の内容。環境移行，アンカーポイント理論などについての記載がある。

ジェイコブズ，J. 山形浩生（訳）（2010）．アメリカ大都市の死と生　新版　鹿島出版会

7-6 居場所とサードプレイス

ボストン，ニューヨークといった大都市に自然発生的に成立した複雑で有機的な構造を持ち，複数の住，商，工の用途が混在した街の魅力と利点を論じ，機能と土地利用の葛藤の軽減を追求した都市計画に基づく，無機質で単一用途の都市再開発に反対した本。その後の都市計画に大きな影響を与えただけではなく，街における「路上の目」，つまり自然監視の重要性を指摘し，CPTEDや状況的防犯の重要な理論的根拠を提供している。この版は2010年に出た新訳。

ホワイト，W. H. 柿本照夫（訳）(1994). 都市という劇場──アメリカン・シティ・ライフの再発見── 日本経済新聞社

マンハッタンのビルの合間にある公共空間（小型公園）の研究である。このような研究の成果から現在の高層ビルの下にも公共空間が設けられるようになった。

オルデンバーグ，R. 忠平美幸（訳）モラスキー，M.（解説）(2013). サードプレイス──コミュニティの核になる「とびきり居心地よい場所」── みすず書房

個人の憩いの場というだけではなく，コミュニティにおけるネットワークを形成する場として都市の中心的な機能を担う期待をもたれているサードプレイスに関して，この概念の提唱者のオルデンバーグ自身が著した書。サードプレイスの概念は，文化・経済的活性化と持続可能性の両立，都市生活者の安全と健康の促進，孤立の解消とソーシャルキャピタルの形成といった，これからの健全な都市に必要な要件のすべてに関係する。

Gunter, B. (2000). *Psychology of the home*. Whurr Publishers.

住環境・ホームの心理学的研究を広く詳しく扱った専門書。ホームの意味，住宅の外見に対する選好，住居選択行動，エクステリア・インテリアからの住民の特性の推論まで，広く詳しく住環境の環境心理学を余すことなく伝えてくれる。

教育環境と労働環境

　施設環境に関して，最も多くの環境心理学的研究が行われてきたのが，教育・教室環境と労働・オフィス環境である。それ以外にも高齢者の施設環境や病院・医療環境などの研究もなされているが，その量は教育環境や労働環境よりもかなり少ない。しかし，高齢者施設環境に関しては，社会の高齢化の問題を受けてか，近年急速な増加傾向にある（本書では，構成の都合上，5章の「高齢者と環境」でこの内容を紹介している）。

　一般的に教育環境という場合には「教育制度と教室の風土」を示すことが多く，それらはもちろん教育現場において重要な要素である。しかし，教育の物理的な環境の重要性はそれに劣るものではなく，環境心理学は学校や教室のデザインに関して多くの研究を積み重ねている。また，労働環境・オフィス環境は，平均的な労働者が1日の約3分の1を過ごす生活の場でもある。産業の構造が，効率から価値の創造にシフトしつつある現代においては，旧来のオフィスデザインは最適なものではなくなり，新しいオフィス像が求められている。だが，実証を伴わない新しいアイデアは失敗と隣り合わせであり，環境心理学の実証的なアプローチが必要とされている。

8-1　学習と環境デザイン

　学習環境が直接的教育効果を持つことは少ないが，学習を促進あるいは阻害する効果は大きい。したがって，学校・教育機関における環境デザインには，一般的な建物としての機能や美観だけではなく，教育・学習効果に関する特別な配慮が必要である。しかし，学習場面における環境デザインの効果は一定ではない。それは，教育方法や教育方針を反映した学習プログラムによって変化する。また，教科や学習の目標によっても最適な環境デザインは変化し，教育者と学習者（学生・生徒）が作り出すクラスの雰囲気（教室風土）や彼らの性格や能力によっても変化する。したがって，最適な学習環境デザイン・教室デザインを1つだけ用意しておくことはできず，教育プログラム・理念，教育の内容，そして，教育者と学習者の特性を考慮した上で，最適な環境をデザイン・調整することが必要になる。

　教育に影響を与える環境要因としては学習環境の規模がある。大規模な学校のほうが提供されるカリキュラムや活動機会の多様性は増加するが，生徒数に完全に比例するわけではなく，その増加量は充分ではない傾向がある。一方，大人数の学校の生徒よりも，少人数の学校の生徒のほうが，学校活動における一人一人の役割分担とそれに伴う責任が大きくなるため，多様な活動を経験し，それに伴う満足度や自己肯定感・有能感が大きくなる傾向がある（6-6参照）。物理的環境の要素としては，騒音と高い人口密度の悪影響が多く報告されている。色，照明，建物の魅力などの影響も報告されているが，数は少ない。これは，学校のインテリアの色，照明，美観などは，かなり標準的に決定されており，違いがあまりないが，騒音や密度は教育場面ごとに非常に大きな

Topic 8-1　騒音の影響

　ひどい騒音は学習を阻害する。しかし，その影響は学習者の特性や状況に応じて変化する。まず，学習者の特性として，男子よりも女子のほうが騒音の悪影響を受けやすい（Gulian & Thomas, 1986）。また，外的なコントロールの所在を持つ者は，内的なコントロールの所在を持つ者よりも，騒音の悪影響を受けやすい（Collons-Eiland et al., 1986）。難しい課題のほうが，やさしい課題よりも影響を受けやすい。また，騒音に意味がある場合（たとえば，選挙演説）のほうが，意味を持たない場合（たとえば，工事現場の騒音）よりも，悪影響は大きい（Salame & Baddeley, 1987）。しかし，騒音が肯定的な影響を与える場合もある。たとえば，創造的な大学生は，騒音レベルが適切な場合であるよりも，騒音レベルが低い場合だけでなく，高い場合にも，創造的な活動が増加したことが報告されている（Toplyn & Maguire, 1991）。

Topic 8-2　オープンプランデザイン

　近年の教育環境デザインの最も大きなトピックはオープンプラン・オープンスペースであろう。教室のオープンプランデザインとは，いくつかの教室や異なる機能の部屋をまとめて，オープンスペースを作り出すというものである。オープンプランの教室は，画一的で，効率一辺倒の教育への批判から生まれ，多様な生徒に対応する柔軟な学習を理念にしていた。しかし，実際に作られたオープンプランの多くはあまり成功していない。それは，騒音のレベルが高くなるという物理的な問題が大きいが，それ以上に，オープンプランを生かすための教育プログラムが伴っていないことが大きな原因であるとされる。

違いがあることも一因だろう（Topic 8-1，Topic 8-2）。

8-2　教室における着席位置

　大学の大教室のような教室で自由に席を選ばせた場合に，学生が座る席と授業参加や学業成績の間に関係が見られることが知られている（Brooks & Rebeta, 1991）（図8-1）。教室の中央部前よりの席は**アクションゾーン**とよばれ，ここに座る学生は授業への参加の程度や成績がよい。それは，授業に参加しやすい，黒板が見やすいというような直接的な利益のほかに，教師とのコミュニケーションが促進されやすいため授業への参加の程度が高まり，さらに教師や教科への好意が高まることで教科への積極性が増すなどの社会的な作用があるからであると説明されている。

　しかし，アクションゾーンの席を選ぶ学生はもともと積極性が高く自尊心が高いという，選択者自身の持つ特性もよい成績に関係している。それでは，アクションゾーン以外に座っていた学生をアクションゾーンに座らせた場合は何が起こるのだろうか。そのときにも成績がよくなるという場合とよくならない場合があるが，そうした一貫しない結果が起こる理由の一つは，学生の個人差にある。

　アクションゾーンへの授業参加の促進効果を検討したある研究（Koneya, 1976）の結果は，アクションゾーン以外に着席していた場合には，活発な学生も物静かな学生もあまり発言をしないが，活発な生徒がアクションゾーンに座席を移動した場合には発言量が急増し，授業参加が促進されたことを示した。しかし，物静かな生徒がアクションゾーンに席を移動した場合，ほとんど発言量は増加しなかった。つまり，アクションゾーンにおける授業の参

8-2 教室における着席位置

図 8-1　大学の大教室

加への促進効果は，もともと積極性の低い学生にはあまり効果を発揮しないことになる。

　北川（2003）は，この教室における着席位置をさらに詳しく分類し，検討している。彼は中央部の席である「中央ゾーン」に加えて，最前列付近の「前方ゾーン」，前よりの窓側と廊下側の「左右両端ゾーン」，そして教室後部の「後方ゾーン」という分類を提案し，それぞれの位置の席を好む学生の，教師に対する態度の違いを報告している（図8-2）。

　北川によれば，前方ゾーンの学生は教師に近づくことを望む積極的な教師への追従者（まじめ学生，教師のお気に入り）であり，最前列では教師との対人距離は私的距離（Topic 6-2参照）になることも多い。

　中央ゾーンでは教師との距離は社会距離であり，この位置を選択する学生は，ほどほどの積極さを持つが目立ちたくないという適度に熱心な者が大多数である。学生には最も人気がある席である。

　左右両端ゾーンは，教師との距離としては，社会距離であるが，視線を容易にそらすことができるなど，心理的にはそれよりも遠くに離れていると感じられる席である。ここに座る学生は，教師とある程度近い距離にいることを望むが，視線を合わせたくない，関心を引きたくはない，やる気はあるがそれを悟られたくはないというような，教師に対するやや葛藤的な態度を持った学生である。

　後方ゾーンでは，教師との距離は公共距離である。ここを選択する学生は教師に対して距離を保ちたいと思っており，時には教師に対する反発心を持ち，学業に対しても消極的な態度を持っている，脱出願望派である。

8-2 教室における着席位置

図 8-2 着席位置の4ゾーン構造と教師への態度
(北川, 2003)

8-3 労働環境の影響――ホーソン研究

労働環境に関する有名な研究に**ホーソン研究**（Rothlisberger & Dickson, 1939）がある。これは，シカゴ郊外にあるウェスタンエレクトリック社のホーソン工場の製品組立てラインにおいて10年以上にわたって行われた研究で，工場環境の物理的変化が労働へ及ぼす効果を検討したものである。その中のある実験では，照明の明るさと生産性と労働者の満足度の関係が検討された。研究者は，照明が明るくなるほど生産性と満足度が高くなるという，常識的な仮説を立て，照明器具をいろいろと変化させた。結果は驚くべきものであった。労働者は，照明器具を入れ替えただけの実際には明るさの変化していない部屋に対して，明るさが増加したと思い込み満足を示した。また，照明を70％に暗くするまで，生産性に減少は見られなかった。この結果は，環境が労働に与える影響の過小評価をもたらし，産業心理学における物理的環境の影響が，その後長い間無視される原因となった。しかし，この結果が本当に示唆していたことは，労働環境と生産性および労働者の関係が直接的・決定論的なものではなく，労働者の労働環境に対する知覚や認知に媒介されているということである。つまり，ホーソン工場においては，労働者は「何か環境に変化があった」ことを知覚し，当然それは何らかの改善であると解釈した結果，満足度が増加したり，生産性を維持するために努力したのである。また，研究が行われていることを知っていたことが，労働者に特別な感情を生み出し，普段以上に努力をしたという点も無視できないだろう。つまり，労働環境・オフィス環境は，仕事に対して影響を与える。しかし，その効果は単純，決定論的なものではなく，労働者の心理という変数を介した複雑なものであるということである。

Topic 8-3　フリーアドレスとノンテリトリアルオフィス

　フリーアドレスとは，オフィスにおいて個人専用の座席・机をなくし，全ての座席・机を従業員全体で共有するという，1980年代に日本で生まれたオフィスのコンセプトである。その思想の根底は，もともと狭かった日本のオフィスにおいてOA機器が増加し，一人当たりの労働スペースの不足が著しくなったが，オフィスの賃料が上昇したことにより簡単に床面積を増やすことができないため，営業職など社内での在席時間が短い従業員の座席を有効利用しようとする省スペースの発想であった。しかし，実際に導入した会社では居場所の喪失感や帰属意識の希薄化などの問題が生じ，うまくいかなかったケースも多い。

　一方，ノンテリトリアルオフィスは，欧米で普及していた個室型オフィスを改革し，組織内のコミュニケーションを活性化するために，従業員が自分の領域にこもらないオフィスの形態として，米国のアレンが1970年代に提唱したものである。自分の固定した席を持たないという点はフリーアドレスと共通である。

　高度成長時代までの産業構造では，それぞれの職種で明確な目標が決まっていたため，オフィスに求められることはその目標を達成するために作業効率を上げることであった。しかし，市場や価値観自体を創造することが求められる現在，感性を刺激し，創造性を発揮するための多様な人間の交流を生み出す環境として，ノンテリトリアルオフィスに注目が集まっている。しかし，フリーアドレスのオフィスに存在する問題は，そのまま残っているといってよい。これからのニューオフィスデザインに求められていることは，必要なことは，単に刺激的な接触・コミュニケーションの場面を作り出すことだけではなく，仕事の種類と従業員の特性のそれぞれに合った，多様な仕事空間を作り出すことであろう。

8-4 オフィスの照明

　一般的にいうと，室内の照明においては，直接照明よりも間接照明が，天井からの均一な明るさよりも部分照明による明るさの変化が，はっきりした冷たい光よりもほの暗い暖かい光のほうが好まれる（Flynn, 1988）。しかし，労働環境・オフィスにおいては別の重要な要因も存在している。それは作業に支障をきたさない明るさ（照度）をいかに確保するかというものである。光源を太陽光に頼っていた時代は，明るさを確保するために，窓から奥行きの深い部屋を作ることが難しかった。また，広い空間では天井に窓を設ける必要があることから，工場などの広いスペースを必要とする建物は1～2階建ての建築にならざるをえなかった。しかし，人工照明の技術が進んだ結果，現在では明るさの問題が建築デザインを制約することはほとんどなくなった。

　現代のオフィスにおいて生じた明るさの別の問題は，グレアとよばれるコンピュータディスプレイへの光源の映り込みによる見えづらさやまぶしさである。この問題への対策はまだ完全になされているわけではないが，光源の位置を配慮する，ルーバー（光の進行方向を鉛直方向に制限する板の束）を工夫する，直接照明の他に部分照明や間接照明（タスク・アンビエント照明）をうまく使用するなどの対策で軽減できる（図8-3，図8-4）。

　今後の労働環境・オフィスの照明には，作業に必要な明るさをいかに提供し，作業の効率をいかに確保するかだけでなく，生活環境としての雰囲気をどう作り上げるのかが求められるだろう。また，地球環境への配慮から省エネルギー対策を考えたときには，不必要な明るさをどのようにして削減するか，そのため，再び光源として太陽光をどのように活用していくのかが重要な課題とな

8-4 オフィスの照明

図 8-3　間接照明と部分照明の組合せ

図 8-4　さまざまなルーバー

るだろう。

8-5　オフィスの空気——温度，湿度

　労働環境における重要な物理的要素の一つは室温である。快適な室温は気温，湿度，気流の速度，活動レベル，着衣の量の関数で決まる。同じ気温の場合でも，湿度が上がったり，気流の速度が遅くなると，体感温度は高くなる。夏でも，社員がスーツを着込んでいるオフィスでは，社員がTシャツで働くオフィスよりも，快適な室温は当然ずっと低くなる。肉体労働と事務作業では快適な室温に差があり，肉体労働者のほうが低い室温での作業効率がいい（McCormick, 1976）。

　また，体感される室温の快適さは外部の気温との相対的な関係で決まる部分が大きいため（3-3参照），季節や天気の影響を受ける。同じ室温25℃でも，外気が寒い日（寒い季節）には暖かく快適と感じられ，外気が暑い日（暑い季節）には涼しくて快適と感じられる。一方，28℃の場合には，外気が寒い日にはとても暖かく快適と感じられるが，外気が暑い日に外出から帰ってきた者には，十分に涼しいとは感じられないだろう。

　もう一つの重要な要素は，室温を自分で調整できるかどうかということである。室温を調整できる場合，あるいはできると思っている場合には，多少不快な温度でも，室温に対する快適さや満足度は高くなる（Paciuk, 1990）。このように作業の効率に関しては室温の効果は複雑である。生理的な障害をきたすような，きわめて高い室温と，きわめて低い室温以外のその中間の温度帯においては，作業の効率に最適な室温は，作業の種類，および作業者の特性によって変化する。

Topic 8-4　騒音とBGM

　音は労働環境における重要な物理的要因であり，特に**騒音**には悪影響がある。しかし，作業の内容や労働者の特性により騒音の効果は変化する。たとえば次のような報告がこれまでになされている。

1. 決まりきった仕事や単純作業は騒音の影響を受けにくい（Nagar & Pandey, 1987）。むしろ，しゃべり声や周辺のざわめきなどの適度な騒音は，眠気を防ぎ，作業の効率を高める場合もある（Reid & Paulhus, 1987）。

2. 細かい注意が必要な仕事や並行して複数の作業が伴う仕事に対して，騒音はより大きな悪影響を与える（Cohen & Weinstein, 1982）。

3. 性別・年齢・パーソナリティにより受ける影響の量と質が異なる。たとえば，ノンスクリーナーは，スクリーナーよりも騒音の影響を受けやすい。

　また，職場に音楽を流して生産性を高めるというアイデアは古くから存在しているが，その効果も単純なものではなく，次のようなことがいわれている。

1. 職場環境におけるBGMは，全般的には生産性を高める。しかし，それが純粋に音（メロディやテンポ）の効果なのか，それとも音楽を聴くことを許されたという満足感によるものなのかを分けることは難しい（Gifford, 2003）。

2. すべての人に好まれる音楽というものはない。また嫌いな音楽がどのような効果をもたらすかはまだよくわかっていない。

空調以外の方法で不適切な室温に対処する最も効果的な手段は，着衣を調整することである．特に夏季に湿度が高い日本では，「クールビズ」のように夏季の着衣を減らすことが効果的である．

8-6　オフィスのプライバシー

オフィスにおける最大の対人環境的問題はプライバシー，つまり他者との接触・コミュニケーションをどの程度促進あるいは抑制するかという問題である．個室のオフィスは最も他者との接触・コミュニケーションを抑制し，完全に間仕切り（パーティションやローパネル）のないオープンプランオフィス（ランドスケープオフィス）は最も促進する（**Topic 8-5**）．また，オープンプランオフィスで席が固定されている場合には，席によっても他者との接触・コミュニケーションの量は変化し，出入り口付近や人が多く行き来する通路・動線沿いの席は接触・コミュニケーションが多く，奥の席やそうした動線から外れた席は接触・コミュニケーションが少ない．

　他者との接触・コミュニケーションの適切な量は職種や仕事の目的によって変化する．たとえば，受付係や訪問者・部外者との交渉係という職種では，他者との接触・コミュニケーションが効率的に行われることは最優先事項であるが，それに比べると一般的な事務職・技術職では必要な他者との接触・コミュニケーションの量は少なめになるだろう．管理職は，機密を保持するために，他者との接触・コミュニケーションをより厳密にコントロールすることが必要になる．創造的な仕事においては，他者とのコミュニケーションの中でアイデアを出し合う場面と，一人でアイデアを思索し，評価する場面という2つの側面があり，その両方にお

Topic 8-5 ランドスケープオフィス，オープンプランオフィスとパーティション

ランドスケープオフィスとは，個室や部署間の壁を取り払い，なるべく大きな空間で多くの従業員が働く形態のオフィスである。
ランドスケープオフィスや**オープンプランオフィス**におけるプライバシーの問題として，視覚的プライバシー不足の問題がある。それを解決する手段として，天井まで届かない高さの間仕切り・パーティションが用いられることがある。135cm程度のパーティションでは，座っている場合には，完全に体が隠れ，互いの存在を隠すことができるが，立ち上がれば，頭がパーティションの上に出るために，コミュニケーションをとることもできる（日本建築学会，2003）。これは単純な方法であるが，状況に応じてプライバシーの程度を調整できる優れた環境のデザインの例である。しかし，聴覚的プライバシー，つまり，周辺の音が気になるという問題や逆に話し合いの内容が周辺に漏れてしまう問題は完全には解消できないという限界はある。

図 8-5　135cm のパーティション

いては必要な他者との接触・コミュニケーションの量は正反対になる。適切なプライバシーの量には個人差もある。このようにオフィスにおける適切なプライバシーの量というのは多様である。したがって理想のオフィスに求められることは，単にコミュニケーションを促進したり，あるいはプライバシーを保つことではなく，必要に応じたコミュニケーションとプライバシーの量を提供するために，多様な空間を用意することである。

参考図書

長倉康彦（1993）．「開かれた学校」の計画　彰国社
　戦後の学校設計改革にかかわった著者がまとめた著作。オープンデザイン教室などの事例が豊富に紹介されている。

サンドストロム，E.・サンドストロム，M. G. 黒川正流（監訳）（1992）．
　　仕事の場の心理学──オフィスと工場の環境デザインと行動科学
　　──　西村書店
　労働・オフィス環境に関する心理学的研究としては最もよくまとまったもの。事例も理論も豊富に紹介されている。

ベッカー，F.・スティール，F. 鈴木信治（訳）（1996）．ワークプレイ
　　ス戦略──オフィス変革による生産性の向上──　日経BP社
　経営戦略としてのニューオフィス導入を考えている経営者向けに書かれた解説書。ノンテリトリアルオフィス，サテライトオフィスなどの事例を紹介しながら，ニューオフィスによる経営の改善のための必要条件を詳細に解説している。

乾　正雄（1976）．建築の色彩設計　鹿島出版会
　施設環境に限らず，建築の色彩環境に関して包括的に書かれた本。色の心理効果の解説，各種のカラーシステムの紹介から建築設計における実務的な注意まで，初学者から専門家まで幅広い読者に有益な情

報を与えてくれる。

Cherulnik, P. D. (1993). *Applications of environment-behavior research : Case studies and analysis*. Cambridge University Press.

　環境心理学の応用研究，実務への適用の事例集で，労働・オフィス環境，教育・教室環境と共に，医療環境や高齢者環境などさまざまな施設環境における事例が紹介されている。そして，すべての実例に対して，理論的な背景，過去の研究の概略，デザインへの適用方法，デザインの効果の検討が記述されており，環境心理学の実務面に関しては現在のところ一番優れた著作。

自然環境の心理学

　環境心理学の一つの起源は建築心理学にあるが，環境心理学は建築のような人工・構築環境だけではなく，自然環境も研究テーマに含めている。

　人類の歴史を考えてみれば，人工的な環境で過ごした時間よりも，自然環境で過ごした時間のほうがはるかに長く，そのため人間は自然環境とかかわるためのいろいろなメカニズムを現在でも持っている。本章ではまず，そうした進化の過程で獲得された自然環境とのかかわりのメカニズムとして，環境の持つ癒しの効果について紹介する。次に，文明が進んだ結果生じた，現代の自然環境にかかわる最大の問題である「地球環境問題」にまつわる心理学を紹介する。

9-1 バイオフィリア仮説

　人間は，この地球上で長い時間をかけて，適応的に進化してきた生物である。進化というと，魚類から両生類，爬虫類，哺乳類というような，形態の進化を思い浮かべることが多いと思われるが，形態だけではなく，反応や行動においても進化は起こってきた。形態における進化とは，生存や配偶者の獲得に有利な形態を持った個体が多くの子孫を残し，その子孫がまた生存や繁殖に有利な形態を受け継ぐ傾向が強いことから，さらに多くの子孫を残すことで，種全体が生存に有利な形態に向かって変化していく現象である。反応や行動においても同様であり，生存や繁殖に有利な反応や行動を持った個体の子孫はそうした反応や行動を受け継ぎ，さらに多くの子孫を残す確率が高いため，徐々に種全体がそうした反応や行動を獲得し，それらが固定されていく。こうした，生存や繁殖に有利な反応や行動が，その環境における適応的な機能といえる。人間の心理的・行動的機能にも進化の過程で獲得されたこうした適応的な機能が組み込まれており，それは現在の人間の精神的，肉体的行動にも影響を及ぼしている。

　これが心理学における進化論的視点であり，この視点に基づいて，環境への反応に関するいくつかの仮説が提唱されている。その一つ，**バイオフィリア仮説**は，社会性昆虫の研究で著名な社会生物学者であるウィルソンが提唱した仮説で，バイオフィリアとは「生命への愛」の意味である。この仮説によれば，人間は進化の過程において，生存のために利益をもたらしてくれた生物に対して，肯定的な情動反応，行動が起こるように適応進化し，その反応は現在の人間にも残っているとされる。ウィルソンの言葉によれば「われわれ人間は，消滅した世界の森の中に今でも暮らし

Topic 9-1　サバンナ仮説

　人類の生存に有利であった環境の代表として、これまで人類とその祖先が一番長い間生息し、進化を続けたアフリカのサバンナがある。そのために人はサバンナのような環境を好むという仮説をサバンナ仮説（Orians, 1986）とよぶことがある。

　サバンナでは、見晴らしのよい低い草の生えた草原があり、上部に大きく広がる枝葉を持つ背の高い木がまばらに生えている。そして飲み水として適していることが多い川などの動く水があることも多い。現代人もそのような環境を好む傍証として、多くの公園には広がる芝生と上部に枝葉を持つ背の高い樹木が配置され、水の流れや池が作られていることが指摘されている。

図 9-1　サバンナの風景に似た都市の公園

ており、いまだに警戒を解かずにいるのである」（ウィルソン、1994, p.161）。こうした自然に対する人間の反応と意識は、自分が自然の一部であるという信念をもたらす（Schulz et al., 2004）。

9-2 回復環境

　自然や植物に接すると癒されるというが、これはなぜなのだろうか。そもそも自然の環境は人工・構築環境よりも大気が清浄な場所にある傾向があるし、植物自体も湿度や気温の調整作用や大気を清浄化する作用を持っている。また、ある種の植物は森林浴の作用をもたらすフィットンチッドやリラックス効果のあるカンファー（フィットンチッドの一種）のような化学物質を放出している。こうして植物を中心とした自然は、快適な環境や生理学的な**回復環境**・癒しの環境を形成しやすい。

　一方、環境心理学の研究は、自然や植物は心理的な回復環境にもなることを明らかにしている。それを説明する理論の一つは、カプラン夫妻（1995）の唱える**注意力回復理論**（Attention Restoration Theory：ART）である。この理論によれば、人間の注意には「意図的注意」と「自動的注意」がある。意図的注意とは意識的な注意力で、作業に集中するときなどに働く注意であり、自動的注意とは、対象の持つ誘引による注意で、無意識的に引き寄せられる注意である。意図的注意は仕事や勉強をしているとだんだんと疲労し、集中力が続かなくなる。しかし、このような精神的疲労は自動的注意が働いている間に回復する。したがって、自動的注意を引く環境には意図的注意が疲労したことによる精神的な疲労を回復する効果がある。

　カプラン夫妻は、この環境の持つ自動的注意を引く要素を「魅

Topic 9-2　回復環境に必要な条件

「魅了」
　回復環境に必要な魅了は，特に覚醒や強い感情を伴わない魅了だろう。たとえば，残酷な場面や暴力的な場面も人の注意を引きつけるが，こうした要素が引き起こす覚醒および強い感情は回復を妨げる。しかし，美しい自然は過度の覚醒や感情を喚起せず，静かに人を引きつける。

「逃れること」
　仕事場から離れること，バカンスに出かけることだけでなく，窓から外を眺めて意識を外に向けることも「逃れること」である。授業中に校庭を眺めていた時，あなたは授業から逃れていたのだ。

「広がり」
　自然環境は構築・人工環境よりも広がりがある場合が多い。また，狭い部屋であっても窓があれば，広がりを感じることができる。リラックスできる環境のために窓の持つ役割は大きい。

「適合性」
　土をいじる，木を切る，食物を収穫する，水を汲むなど自然の中で行う行動は，進化の過程を含めて人類が何百万年も行ってきたことであり，言い換えれば，そうした行動をうまく行うために人類は形態も，行動も適応進化してきた。それに比べて，自動車を運転する，キーボードを操作する，ディスプレーを見るなどの行動を行うようになってから150年以下の歴史しかない。現在でも人類がどちらの行動により適合しているかは言うまでもない。

図9-2　窓から見える風景

了」とよんでいる。そして、①魅了に加えて、②疲労の原因になっている作業から「逃れること」ができる、③気分を変えるために新しい場所へきたことを感じさせ、心を遊ばせることができるような「広がり」を持つ、④そして、その環境で目的の行為がうまく行える、つまり目的の行動と「適合性」を持つことを、カプラン夫妻は回復環境の条件としている（**Topic 9-2**）。

アルリッチは進化論的な視点から別の回復環境の理論を提唱している。彼は、ある種の自然には人間を癒す効果を持つと主張している。この理論はバイオフィリア仮説を支持している。つまり、人間の進化の過程において、生存に有利であった環境に対して、人間は現在でも肯定的な感情を持ち、そうした環境に接近したいという構えが作られる。逆に生存に対して不利益をもたらす環境に対しては、嫌悪の感情が生じ、回避の構えがつくられる。こうした感情は、進化の過程で獲得されたメカニズムによって速やかに、自動的に生じる。この考えは、認知よりも情動が先に生じるという、ザイアンス（1980）の理論に基づいている。

そして、そのような生存に有利な環境に接した場合には、さらに生理的な機能として、単にストレスがない状態よりも効果的なリラックスと疲労の回復がもたらされるとされている。そのためアルリッチの理論は**ストレス回復理論**（Stress Recovery Theory：SRT）と呼ばれることがある。

この理論を実証するために、アルリッチは外科的な手術を受けた患者を対象にして、病室の外の風景の効果を検討している（Ulrich, 1984）。そこでは、同じ病院において、同じ病気の手術を受けた患者に病室から樹木が見える群と、建物の壁しか見えない群を設け、手術後の入院日数、苦痛や不満の訴え数、そして必

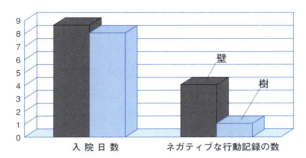

図 9-3　入院日数とネガティブな行動の数（Ulrich, 1984 より作成）
「壁」は壁しか見えない病室，「樹」は樹木が見える病室を意味している。「ネガティブな行動記録の数」は看護師のノートに記録された「動揺」「叫び声など」「励ましの必要」などの記録の数を示している。

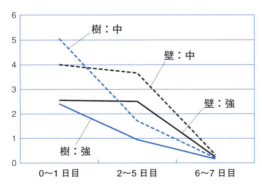

図 9-4　鎮痛剤の使用量（Ulrich, 1984 より作成）
強は強い鎮痛剤，中は中程度の鎮痛剤を表している。手術直後の 0〜1 日目ではどちらの条件でも，強および中程度の鎮痛剤の使用量はそれほど変わらない（むしろ中程度の鎮痛剤は樹の見える部屋で多い）。しかし，回復期の 2〜5 日目では明らかに両方の鎮痛剤とも樹木の見える部屋で少なくなっている。痛みが治まった 6〜7 日目では再び差はなくなっている。

要とされた鎮痛剤の量を比較している。結果は，いずれにおいても，樹木の見える群のほうが見えない群よりも回復の方向に優れていたことが確認された（**図9-3，図9-4**）。

カプラン夫妻のARTとアルリッチのSRTとの大きな違いは，カプラン夫妻の理論では，自然が癒しの環境になることが多いが，人工・構築環境でも条件を満たせば癒しの環境になることを意味しているのに対して，アルリッチの理論は癒しの環境としての自然環境特有の性質を強調している点にある。

自然の存在，特に植物の持つ回復効果は，森林を訪れ，滞在し，森林の中で活動することで健康維持・増進，病気の予防を行うことを目的とする森林浴という形でも活かされている。日本には森林浴の効果が高いことが認められ，また適切な効果を促すような整備がされている森林が既に多く存在する。

9-3 コモンズの悲劇

コモンズとは，英国の居住地の中心にあるすべての住人に共有されていたオープンスペースのことであり，牧場として使用されていた。19世紀初頭に，経済学者であるロイドはコモンズに関して以下のような話を考えた。あるコモンズに，住人たちが羊を飼っていた。羊の総数は，すでにコモンズに生えている牧草の量で養える最大の数であった。そこに，ある住人が自分の羊の数を増やした。それにより彼自身は，より多くの羊を飼うことができた。しかし，増えた分の羊が食べる牧草が，他の羊の分を奪い，すべての羊たちはやせ衰えていった。しかし，その住人はさらに羊を増やした。すると，牧草は食べつくされ，それ以降1頭も羊を育てることができなくなってしまった。

Topic 9-3　NIMBYとフリーライダー

　NIMBYとは「Not In My Back Yard（私の裏庭以外で）」の略語である。これは，ある施設に対して社会的な必要性は認識しているが，自分の近くにはあって欲しくないという意識を意味している。たとえば，多くの人はゴミ処理場が社会的に絶対に必要な施設であることは十分理解しているが，自分の近所に建設される予定が決まれば不快に感じたり，場合によっては建設反対の行動を起こすだろう。このような施設は他に，原子力発電所，刑務所，火葬場などが挙げられる。こうした施設はどこかに建設されなければならないため，近所に建設されることに反対することは利己的，「住民エゴ」であると非難されることもあるが，実際に建設される場所として過疎地域や社会的な弱者が多い場所が選ばれやすいのも事実である。

　フリーライダーとは「ただ乗り」のことで，必要なコストを負担せずに利益だけを得る人を意味する。たとえば受信料を払わずにNHKを見ている人はフリーライダーである。環境問題でいえば禁漁区や禁漁期間に漁をする者やゴミの不法投棄をする者などがフリーライダーである。しかし，フリーライダーを選ぶことは個人の利益を最大にするためには合理的な判断となってしまうため，コストを負担しようとする人はどんどん減っていってしまう傾向がある。したがって，社会政策としては義務化や税による負担などで強制的費用負担を求めることが多い。日本人は自然はあって当然で「ただ」で利用できるものだと考えてきたが，それも広い意味のフリーライダーである。今後は自然公園や野生の自然を散策したり，そこでリクリエーションを楽しむことに対しても，自然にかけたダメージを回復するための応分の負担をすることが必要となるだろう。

ハーディン（1968）は，このような限りある資源において，個人の利己的な消費行動が，最終的に全体の破滅を招いてしまうことを**コモンズの悲劇**と名づけている。そして，化石燃料，水産資源，原始林，清浄な大気など集団が共有している価値ある資源の全てが，コモンズなのである。このコモンズの悲劇という社会的ジレンマが，地球環境問題の大きな原因なのである。

コモンズの悲劇を招く利己的な行動は，①行動が匿名でなされる，②ほかにも多くの人間が行うために個人の責任が希薄化する，③関係する人々の間に信頼や友情がない，④利己的行動がどんな悪い結果を引き起こしているかのフィードバックがなかったり，フィードバックまでに長い時間がかかる，⑤社会的に低い地位にあったり，不当に扱われていると感じている，⑥利他的行動のモデルがなかったり，手段がわかりにくい，やりにくい，などの場合に引き起こされる傾向がある。

9-4　環境教育

今日の地球環境の危機は，人類の生存と文明の存続に必須のこととして，**環境教育**を最優先の教育課題の一つにしている。環境教育の歴史は1970年代初頭に始まった。

1972年のストックホルム第1回人間環境会議において採択された「人間環境宣言」の原則第19項において環境教育の必要性がうたわれた。続いて，1975年に国際環境教育会議で採択されたベオグラード憲章においては，個人および社会集団が身につけ，行動を起こすための目標として，環境に対する関心，知識，態度，技能，評価能力，参加の学習が挙げられた。

日本の環境教育は，1970年代から公害教育の形で始まってい

Topic 9-4　地球環境問題のトピック

1. **アースディ（Earth Day）：地球の日**

   危機的状況にある地球環境を見つめ直そうと1970年に米国で始まった市民運動。毎年4月22日に集会を行う。

2. **酸　性　雨**

   1960年代にヨーロッパ，北米で最初に問題化した，酸性化した雨。工場や自動車から排出された硫黄酸化物，窒素酸化物が原因とされ，森林に大きな被害を与えた。このことにより欧米を中心に環境問題への関心が高まった。

3. **オゾンホール**

   フロンガスを大気中に放出することにより，地球全体を覆っているオゾン層が破壊され，特に極地上空のオゾン層が失われてしまう現象。オゾン層は太陽から降り注ぐ，生物に有害な紫外線の一部を吸収する働きをしている。

4. **地球温暖化**

   二酸化炭素は地表面からの赤外線を吸収する。したがって二酸化炭素増加は大気温度を上昇させる（温室効果）。大気温の上昇は特に極地の氷を溶かして海面を上昇させ，利用可能陸地面積を減少させてしまう。

5. **ストックホルム会議勧告　第96項**

   「環境を守るためすべてのひとが何らかの行動をすべきである。そのために，あらゆる段階の教育の場において，各分野を総合したアプローチによる，環境に関する教育を実施する。そのための国際的計画を，ユネスコや他の国連関係機関が樹立する」

6. **ベオグラード憲章**

   「環境やそれにかかわる諸問題に気付き，関心を持つとともに，現在の問題の解決と新しい問題の未然防止に向けて，個人的，手段的に活動する上で必要な知識，技能，態度，意欲，実行力を身につけた人々を世界中で育成すること」

るが，小中学校の正規のカリキュラムに環境教育が組み込まれたのは1990年代に入ってからである。

　環境教育とは，環境問題を正しく理解し，行動化するために必要な，基礎的な知識，能力である**エコロジカルリテラシー**を身につけるための教育である。そのため環境教育では，環境に関する知識の獲得と環境に対する態度の形成を目的とする（日本生態系協会，2001）。

　環境に関する知識の獲得とは，①環境や環境問題の基本的な理解と，②現在の地球環境の状況の認識，および③自分にできることの知識を獲得すること，である。

　環境に対する態度の形成とは，①環境を保護していく態度，②生命を尊重する態度，③環境に対する感受性，および④環境の保護と改善に積極的に参加する態度を身につけること，である。また，環境問題という複雑な問題を理解し，そこにかかわることで，①因果関係を把握する能力，②問題を解決する能力，③データなどを分析的，数量的に見る能力，④推理や推論力，⑤事象を客観的，論理的に考える能力，⑥データから総合的な判断ができる能力，を身につけることも期待されている。

9-5　環境配慮行動

　いわゆる「環境にやさしい行動」は**環境配慮行動**とよばれる。環境配慮行動を促す要因は，生活者の内在的要因と外在的要因に分けることができる。内在的要因としては①利己主義の反対の意味の，他者に対して有益な行動をしたいという「利他・愛他主義」，②自分にとって正しいと感じられることを行う「自己規範」，③社会にとって正しいと感じられることをしたいという「社会的

9-5 環境配慮行動

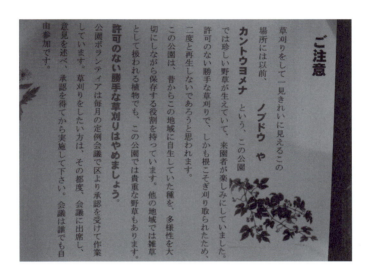

図 9-5 ある公園の注意書き

ある個人にとって良かれと思われる環境配慮行動が、他の者にも必ずしも受け入れられるとは限らない。この公園では、ある人たちが自発的に、おそらくは「環境を整備するために」草刈りを行ったが、結果として、管理者が保護していた自生の野草を失わせてしまった。適切な環境配慮行動を行うためには、正確な知識が必要である。

規範」,が挙げられる。

外在的な要因としては①社会的規範に反した行為に対しての批判を受けることである「社会的圧力」,②社会的規範が法や条例の形に制度化された罰則などを受ける可能性,③学習理論の行動の強化を伴う報酬や罰則,④知識を与えたり,あるいは自己的・社会的規範を育てる環境教育や啓蒙,⑤自分の行為の有効性を確認させるフィードバック,⑥方法に関する知識や技術を指導したり,あるいは社会的規範の模範となるロールモデルの存在,などが挙げられる。

しかし,実際に環境配慮行動が行われるためには,こうした要因以外に①環境問題への正しい知識と認識（図9-5,Topic 9-6）,②態度の形成,③環境配慮行動を可能にするコスト負担能力,④行動実行能力,が必要となる。正しい知識と認識とは,現在の環境の状況が危機的であるという情報とその原因と自分でできる適切な行為を知っており,その問題に対しての自分の責任を理解していることである。態度には「地球にやさしくしたい」というような全般的なものと,「クジラを守れ」のような特定のものがあるが,特定の態度のほうが行動に結びつきやすい。また,コスト負担には経済的なものだけではなく,環境配慮行動を行うために時間や場所を確保できるかどうかなどが含まれる。

9-6　環境災害のリスク認知

環境災害とは一般に非日常的な大規模災害を意味する。そこには自然災害と技術的災害が含まれる。自然災害には地震,台風・暴風雨,津波,洪水,地滑り,寒波・熱波,火山の爆発などが含まれ,技術的災害には原子力発電所の事故・放射能漏れ,有害化

Topic 9-5　避難住宅に関する7つの迷信

デービス（1978）は，災害後の避難住宅に関する7つの迷信を挙げている。

1.「災害発生後には，多くの新しい避難所が必要である」
　実際にはほかの全ての手段が潰えたときにしか，大部分の家族は公共の避難所に行かない。

2.「被災者の住宅の選好にはパターンがない」
　住宅選好に明確な順位があることが普通である。実際には，①友人や家族の家に行く，②地域の簡易避難所に行く，③学校の体育館のように，転用した建物に行く，④公的に供給された避難所に行く，の順番に好まれる。

3.「強制退去は効果的な政策である」
　実際には，コミュニティに対する愛着が非常に強いので，過去そのような強制退去が成功したことはない。

4.「テントが効果的な避難所になる」
　実際には，テントの被災地への到着は遅れることが多く，到着しても十分に利用されない傾向にある。

5.「非常用避難所は死活問題である」
　実際には，そうでないのが普通である。地域的対処メカニズムが重大な脅威に対して最も大きな役割を果たす。

6.「悲惨な状況であっても，被災者は慣れない住宅で生活する用意ができる」
　実際には，新しい住宅は，文化的に違和感があるという理由で拒絶されることが多い。

7.「災害時には，人々は共同生活をいとわない」
　実際には，人々は家族単位で行動を選択するような保守的な傾向を強めることが一般的である。

学物質の漏出，大規模な爆発，ダムの倒壊などが含まれる。

　全般的に人々は，被害を受ける可能性を過小評価し，また，こうした環境災害に対して可能な最大限の準備をしない。それはなぜだろうか。

　まず，人は環境災害の**リスク**に関して正確な情報を持たないということがある。ある実験では被験者は落雷に遭う可能性をボツリヌス菌による食中毒に遭う可能性の3分の1程度であると推定していたが，実際には落雷に遭う可能性のほうが52倍も大きい（Slovic, 1978）。さらに，心理的状態によっても推定は歪む。たとえば，危険を感じていても，逃れたり，制御することが困難な場合には，リスクを過小評価することがある。

　また，もちろん人は災害に備える方法を知らない場合には十分な対処を行えないが，同時に，災害への備えとして有効性があると信じていない限り準備を行わない。特に，災害が最近起こっていない地域では，準備はなおざりにされる傾向がある。しかし，あるハリケーンに関する研究では，著しい損害を受けた建物の70％が違法建築であり，建築基準を遵守した建物では3％しか深刻な被害を被っていなかった（Mulady, 1994）。環境災害の種類にもよるが，周到な準備が大きく災害の被害を減少させることは可能である。環境災害の被害を最小に食い止めるためには，リスクに関する正確な情報と適切な対処法を周知させることが重要である。

Topic 9-6　環境問題の認識

　近年，環境の悪化や環境への危機感は強く意識されるようになっている。しかし，この「環境」とは何を意味しているのだろうか。世界18カ国の人々に対する調査（Gifford et al., 2009）は興味深いことを明らかにしている。

　この調査では，自分の近所の環境，自分の国の環境，そして地球全体の環境について，その環境の質に関して評価してもらった。その結果，ほぼすべての国において，自分の近所の環境が一番よく，次が自国であり，一番悪いのが地球全体の環境であると思っているということが示された。この調査の対象国には，北欧やドイツのような環境先進国であり，おそらく環境の質が高い国々も含まれている。しかし，そうした国々の人々だけではなく，地球環境問題が明らかに進行している国に住む人々も，自分たちの近所の環境はそれほど悪化していないが，「地球環境」は悪化していると考えていることになる。

　この結果が示していることは，環境の悪化はゆるやかに進行するので，実感としては感じにくいということであり，また，ある種の楽観性が自分だけは大丈夫だと思わせてしまうということもあるだろう。つまり，地球環境問題は，ニュースの世界のことであり，他人事と感じている傾向がある。つまり，すぐに気が付くほどの大きな環境の変化が起こった後では，もう取り返しがつかない事態になっている可能性が高いということである。

　「どのようにして地球環境問題を自分の問題，身近な問題として感じられるようにするのか」も，重要な研究課題である。

参考図書

ウィルソン,E. O. 狩野秀之(訳)(1994). バイオフィリア――人間と生物の絆―― 平凡社

　世界でも有数の生物学者であり,社会生物学の創始者である著者が,人間はなぜ生物や自然に惹かれるのかについて,自らの経験に基づき,エッセイ風に解説した本。

ケラート,S. R.・ウィルソン,E. O.(編)荒木正純・時実早苗・船倉正憲(訳)(2009). バイオフィーリアをめぐって 法政大学出版局

　上の本と同じテーマの実証研究集。研究目的にはこちらもおすすめ。

カプラン,R.・カプラン,S.・ライアン,R. L. 羽生和紀(監訳)(2009). 自然をデザインする――環境心理学からのアプローチ―― 誠信書房

　環境心理学の知見を活かして,身近にあり日常生活の中で訪れることができる自然の環境,たとえば自然公園や大きな庭園,親水広場などを使いやすくするために何ができるかを解説した指導書。下に紹介した『The experience of nature』と同一の著者であり,自然環境の環境心理学の第一人者としての理論的な解説も詳しい。英語が苦手な人は,この本を使って自然環境の心理学の理論や研究を知ることもできるだろう。

広瀬幸雄(1995). 環境と消費の社会心理学――共益と私益のジレンマ―― 名古屋大学出版会

　環境配慮行動を扱った社会心理学の日本における第一人者による専門書。理論から実践まで幅広く解説と紹介がなされている。

杉浦淳吉(2003). 環境配慮の社会心理学 ナカニシヤ出版

　上の本と同様の方向性であるが,市民活動としての現実社会での実践に重きを置いている本。理論と著者の経験が融合して,非常に貴重な報告になっている。

羽生和紀・岸野洋久(2001). 複雑現象を量る――紙リサイクル社会

の調査―― 朝倉書店

環境配慮行動に関して，消費者・生活者の役割だけでなく，生産者，販売者，回収業者，社会・経済制度，関連テクノロジーまでを含んだシステム全体を研究した報告。環境問題における生活者の役割の限界と可能性を示してくれる。

広田すみれ・増田真也・坂上貴之（編）(2006). 心理学が描くリスクの世界　改訂版――行動的意思決定入門――　慶應義塾大学出版会

主に認知心理学のバックグラウンドを持つ著者たちによる，さまざまな事象に対する主観的リスク認知の機能とメカニズムを解説した本。

上原　巖・清水裕子・住友和弘・高山範理 (2017). 森林アメニティ学――森と人の健康科学――　朝倉書店

森林の持つ回復増進と健康促進機能をめぐる様々な話題に関する最新の理論的および実証的知見を網羅した本。この分野における日本の先進性を実感できる。

Kaplan, R., & Kaplan, S. (1989). *The experience of nature : A psychological perspective.* Cambridge University Press.

自然環境の環境心理学をリードしてきた著者たちによる著作。前半が自らの理論の解説で，後半が実証的研究の紹介という構成になっている。この時期の自然環境に関する環境心理学の研究の全体像をほぼ理解することができる。

犯罪と環境

　従来の犯罪心理学は，犯人の属性，性格，生育歴や経験から犯罪者を分析し，動機や直接のきっかけとの関連から犯罪を理解することを試みてきた。環境心理学による犯罪へのアプローチはそれとは異なり，環境の特性と犯罪にかかわる者の空間行動から犯罪を分析しようとする試みである。それは，人間と環境の関係を研究する環境心理学の犯罪領域への応用である。しかし，犯罪者は逮捕や目撃を避けるために慎重に犯行地点や移動経路を選ぶなど，一般人以上に環境の持つ特性に敏感であり，影響を受けて行動する。したがって，犯罪に関係する行動と環境のかかわりを研究することで，一般化可能な人間－環境関係の知見を獲得できることも多い。

　本章では，犯行地点の分布，環境デザインによる防犯，そして，犯罪者の空間行動の分析である地理的プロファイリングにかかわるテーマを紹介する。

10-1 ホットスポット

　犯罪発生地点を地図化するというアイデアは古くから存在する。だが，紙の地図を用いて犯罪分布を地図化するには大変な労力，費用が必要であり，また犯罪の空間的分布を説明する理論的背景が不十分であるため，実際にはあまり行われてこなかった。しかし，近年の地理情報システム（GIS）が発達したことで状況が変化し，**クライムマッピング**は研究機関や警察などの行政機関を中心に，世界的に盛んに行われるようになっている。

　このようにして作成された各種のクライムマップを眺めると，地図上には犯罪の多発する地域とほとんど起こらない地域が存在することに気づかされる。つまり犯罪は空間的にランダムに発生しているわけではなく，特定の場所に集中して発生している。たとえば，シャーマンら（1989）の報告した米国・ミネアポリスのケースでは，警察への通報の半分が，全体のわずか3％の地域からされていた。このような犯罪の多発地点は**ホットスポット**（hot spot）とよばれる。

　ホットスポットは環境と犯罪のダイナミズムを明らかにする犯罪の生態学的な意味と同時に，警察実務にも大きな価値を持っている。つまり，クライムマップにより示されたホットスポットに対して防犯対策を集中させることで，犯罪発生の総数を効果的に減少させることが可能になる。たとえば，原田と島田（2000）による東京都のクライムマップの研究によれば，全体面積の4.5％に過ぎない広さのホットスポットの侵入窃盗の発生率を現状の半分にすることで，全体の侵入窃盗の犯罪発生件数を10.7ポイント減らすことが可能になると試算されている（**図10-1**）。

10-1 ホットスポット

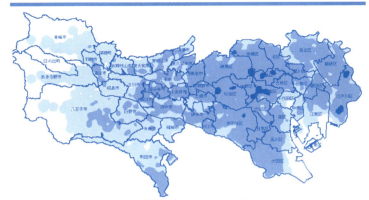

住居対象侵入盗（「警視庁ホームページ」2003年より）

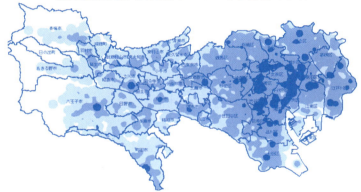

粗暴犯（「警視庁ホームページ」2003年より）

図10-1　東京の犯罪地図

この2つの図は警視庁が公開した2003年の東京の犯罪地図である。濃い部分の犯罪発生率が高いが、犯行地点が具体的に特定化されないように、大まかな傾向を示すようなスムージング処理（カーネル推定法）が施されている。上の図の住居対象侵入盗（泥棒）では、山手線の外側の住宅地域で犯罪発生率が高く、下の粗暴犯（傷害、暴行、脅迫、恐喝、凶器準備集合罪）では、山手線や中央線沿線などの繁華街での発生率が高いことがわかる。このようにホットスポットは罪種によって変化する。

注：実物はフルカラーで、色分けがもっと細かいが、ここでは1色で表現するために単純化してある。

10-2 ルーティンアクティビティ理論

なぜホットスポットは発生するのだろうか。それを説明する理論の一つが**ルーティンアクティビティ理論**（Cohen & Felson, 1979；Felson, 1987）である。従来の犯罪理論が，犯罪行動の原因を犯罪者の動機などの内面に焦点を当てがちだったのに対して，ルーティンアクティビティ理論では犯罪が起こる条件として，同時に同じ場所において，①動機を持った犯罪者が存在すること，②潜在的な被害者や被害対象が存在すること，③環境が犯罪を許してしまうこと，を仮定している。つまり，動機を持つ犯罪者が多く存在する場所であっても，潜在的な被害者がいない場所では犯罪は発生しない。また，動機を持つ犯罪者と潜在的な被害者が多く出会う場所であっても，環境に犯罪を抑止する力があれば犯罪の発生は未然に防がれることになる。

この抑止力とは，警察官や監視カメラがあるなどの犯罪防止を目的としたものだけではなく，日常的には周囲に人がいるなどが大きな機能を果たしている。たとえば，繁華街の街路は潜在的な犯罪者と潜在的な被害者が遭遇する機会は非常に多いが，周囲に人目が多く存在するために計画的な犯罪はそれほど発生しない。

動機を持つ犯罪者の犯罪以外の日常的な行動の多くは，非犯罪者と同じように，重要な拠点間の移動を中心とした一定の行動（ルーティン）の繰返しである。このような人々の一定の行動の繰返しにおいて犯罪者と潜在的犯罪者が遭遇する可能性の高い場所の中で，犯罪を抑止する力のない場所がホットスポットとして成立することになる。季節，曜日，一日の中の時間，そして罪種ごとに，潜在的な犯罪者と被害者の行動，そして犯罪環境の犯罪抑止力が変わるために，ホットスポットは移動する。

Topic 10-1 ルーティンアクティビティ理論による犯罪が発生する条件

ルーティンアクティビティ理論によれば，犯罪は潜在的犯罪者，潜在的被害者が出会う機会が多く，その場所に犯罪を防ぐ力がない場所で頻繁に起こる。たとえば，酒場やその付近では多種多様な人間が遭遇する機会が多いが，被害者が酔っていて抵抗力が低く，また周辺の人間を含む環境も犯罪を抑止する力が弱い時間帯に人が集まるために，犯罪が多発する（Roncek & Maier, 1991）。

そして，人々の生活パターンや生活環境が変化すれば，犯罪の発生パターンも変わる。たとえば，侵入窃盗（泥棒）といえば人の寝静まった夜間に行われるイメージがあった。しかし，核家族化が進み，また女性の就業率が高まった現在では，昼間に家が無人になる可能性が高く，侵入窃盗の多くはむしろ昼間行われている。

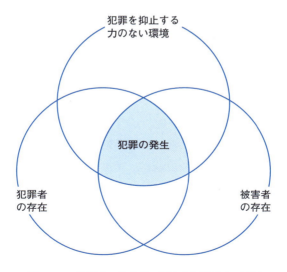

図10-2 犯罪者，被害者，環境と犯罪発生の関係

10-3　守りやすい空間

守りやすい空間（defensible space）とは環境のデザインの工夫による犯罪防止・軽減の概念であり，また手法である。この概念はジェイコブズ（1961）の「自然監視（性）」の概念から始まっている。自然監視とは，住人，通行人，店員などの公共の目による，日常生活の中での街への自然な注目と防犯行動である。ジェイコブズは街の安全のためにはそのような自然監視が不可欠であるとした。

この自然監視の概念が，ニューマン（1973）の「守りやすい空間」の概念へと発展した。この概念は，低所得者向けの集合住宅群，プルイット・アイゴー（Pruitt-Igoe）の研究から始まっている。この集合住宅は，「無駄な空間がない」建物であるとして，建築雑誌で賞賛された。しかし，建築後数年が経つと，住人は平均をはるかに上回る犯罪の多さに悩まされた。ニューマンは，この公共住宅に4つの問題点，①物理的障壁（physical barrier）の不在，②象徴的障壁（symbolic barrier）の不在，③見通し・自然監視（surveillance）の悪さ，④環境のイメージ（image）の悪さ，を発見した（**Topic 10-2**）。このように環境のデザインの問題が，この公共住宅における高い犯罪発生率と住人の不安を引き起こしていた。このような状況は，プルイット・アイゴーの環境を荒廃させ続け，1972年にはついに爆破，解体された。ニューマンはこの調査，および同様の調査から，物理的障壁，象徴的障壁，見通しのよさを持ち，また住人がプライドを持てる環境を守りやすい空間と名づけた。この守りやすい空間に始まった「犯罪を防ぐ住人の行動と住環境の物理的デザインの結合」の概念は建築・都市計画および刑事司法の分野に大きな影響を与えた。

Topic 10-2　プルイット・アイゴーの4つの問題点

1. **物理的障壁の不在**……物理的障壁とは，塀や鍵といった外部からの侵入者を防ぐ設備のことである。この公共住宅は周囲を塀で囲んでおらず，また1階の入り口には鍵がかかっていないことが多かった。

2. **象徴的障壁の不在**……象徴的障壁とは精神的に外部の人間の侵入を阻害する特徴のことである。たとえば，公共空間と個人が所有する空間の境を明確に示すデザインの変化や低い塀などである。このようなデザインは，侵入者に対して物理的な障壁にはならないが，その空間が住人の2次テリトリーであり，侵入が許されていない空間であることを外部の者に明確に理解させることで，心理的な障壁として働く。また，住人が侵入者を咎めることも容易になる。この公共住宅には，3階ごとに住人がコミュニケーションの場としての大きな吹き抜けの空間があった。しかし，そこが公共の空間なのか私有された空間なのかがあいまいになっており，多くの犯罪がそこで行われた。

3. **見通し・自然監視の悪さ**……また，空間全体を自然に監視できることも侵入と犯罪を抑制するために必要である。しかし，この公共住宅では，犯罪の温床であった吹き抜け空間を住人の部屋から監視できるような，窓や監視設備を持たなかった。

4. **環境のイメージの悪さ**……当時の最新の設計思想に基づいたこの公共住宅のデザインは，周辺の住宅の環境とあまりにも異なっており，低所得者の住宅であることを逆に明確に示すことになっていた。そのため住人はそのデザインを「低所得者の印」であると嫌い，建物にプライドを持てないでいた。そのため，住人は自室の外の環境を美化したり，そこでの犯罪を抑止しようとせず，侵入者を咎めることも少なかった。

10-4 CPTEDと状況的防犯

CPTED とは「Crime Prevention Through Environmental Design（環境デザインによる防犯）」の略で，ジェフリー（1971）によって提唱された「監視」「境界の画定」「アクセスコントロール」「テリトリアリティ」を基本原理にする防犯対策である。また，クラーク（1992）が提唱した**状況的防犯**も環境デザインを中心にした防犯対策であるが，守りやすい空間やCPTEDには含まれない，規則や制度的対策などを含んだより広い考えである（**Topic 10-3**）。状況的な防犯の概念は，犯罪者の報酬を減らし，要求される労力とリスクを増加させることにより，犯罪の機会を減少させること目的としている。

守りやすい空間，CPTED，状況的防犯は，それぞれが別々に発展してきた概念であり，提唱者たちはそれぞれの独自性を強調してきたが，理論的には多くの部分で共通している。従来の犯罪対策では，主として犯罪傾向がある者が犯罪を行うと想定し，そうした者への対策に重点をおいてきた。一方，これら3つの理論では，特定の犯罪者を想定せず，多くの犯罪は，犯罪傾向にかかわらず，幅広い人間によって犯罪が可能な機会に行われると想定している。つまり「犯罪者は環境の特性とその時の状況の両方の影響を受け，環境や状況からの影響は個人の中の動機，知識，その他の心理的状態によって変化する」とみなしている。実務的な意味でも，この3つの概念が示す対策には大きな違いはない。これら3つの対策は，長い時間と多くの費用が必要な犯罪者そのものに対する対策や，さらにはそうした犯罪者を生み出してしまう社会全体の改善を目的とするものではない。環境の変化により，短期間に限られた予算の中で，特定の場所における特定の犯罪を

Topic 10-3　状況的防犯の実例

　状況的防犯の具体的な方略はクラークたち自身によって，段々と拡大されているが，基本原則は「犯行努力の増大」「リスクの増大」「獲得する利益の減少」の3つである。
　犯行努力の増大とは，犯罪者が犯行を行う際に要求される労力を増大させることである。たとえば，丈夫な鍵をつける，高い塀を建てる，などに代表される。その他にも，クレジットカードに顔写真を載せることで，クレジットカードの違法使用に際して，本人に成りすますことを難しくすることなども含まれる。
　リスクの増大とは，犯行に関して犯罪者が特定されたり，逮捕されたりする可能性を高めることである。たとえば，警備員や監視カメラを設置したり，増加させることが代表的な例だが，住人，通行者，従業員などによる自然監視を増加させることや，商品に電磁・電子タグをつけておくことで，出入り口のゲートで万引き者を見つけることなども含まれる。
　獲得する利益の減少とは，車両登録番号のように財産に所有者を特定する印をつけることで盗難車の転売を防いだり，テレフォンカードを導入することで，公衆電話内に盗難の対象となる現金を保管しないことなどである。その他に，女性専用車両を導入することで，痴漢が発生する男女が接触する機会そのものを減少させたり，携帯電話に暗証番号を定め不法な使用を防ぐことも含まれる。また，新しい万引き対策として，商品につけられていて，特殊な器具を使用しないで取り外すと洗濯しても落ちない染料が飛び散るタグがある。このタグを衣類につけておくことで，万引きされた場合には，無理にタグをとることで衣類が染料で汚れ使用できなくなる。つまり，まさに利益がなくなるのである。

減少させることを目的とした戦術的アプローチである。

10-5 割れ窓理論

　「建物の窓が1枚割られたまま放置されると，それを見た者は，その建物をだれも気にかけておらず，そのような無作法な行為が咎められないと判断し，別の窓を割る。そして，最終的にはその建物のすべての窓は割られてしまう」。この比喩によって，犯罪発生のメカニズムを説明する理論が，ウィルソンとケリング（1982）によって提唱された**割れ窓理論**（broken windows theory）である（**Topic 10-4**）。それは以下のように説明される。まず地域の軽微な荒廃，たとえば，投げ捨てされたままのゴミや落書きなどをそのままにしておくと，そうした環境に対する無作法な行為が咎められないならば，自分たちも咎められないだろうと判断した地域外のさまざまな人々（たとえば，路上生活者，娼婦，酔っ払い，目的もなくたむろする若者などの社会的に望ましくないとみなされる人々や，落書き，違法チラシを貼るなどの軽微な罪を犯す者）が集まってくる。そして，軽微な犯罪の多発はその地域の住民や行政の担当者が犯罪に対して関心を持たず，対策もないことを示す。その結果，より重大な犯罪を犯す者を招き入れてしまう。さらに，地域が荒廃し，犯罪者が目に付くようになると，住人の地域に対する不安が高まり，地域や近隣に対する愛着は薄まる。不安に対する反応として，人々は互いに避けあい，家の中に引きこもるようになり，犯罪に対する抑止力はますます低下する。また，不安の程度が高まると，引っ越せる者は別の地域に移り，引っ越すことのできない者が地域に残される。そうして，社会的な弱者が残されることが多いため，地域の荒廃や犯罪に対

Topic 10-4　割れ窓理論の心理的メカニズム

　割れ窓理論の心理的メカニズムは，社会心理学者であるジンバルドー（1969）よって行われた一つの実験に基づいている。ジンバルドーは，ニューヨーク州のブロンクスとカリフォルニア州のパロアルトの街中に自動車を放置した。比較的治安の悪いブロンクスでは，放置されてから10分も経たないうちに，ラジオ，ホイール・タイヤからドアまでのあらゆる部品の盗難が始まり，また破壊行為も始まった。しかし，比較的治安のいいパロアルトでは1週間経っても車には誰も干渉しなかった。その後，ジンバルドーはパロアルトの車の一部を破壊してみた。すると，その後何時間も経たないうちに車への盗難と破壊の襲撃が始まり，数時間以内に車はひっくり返され，完全に破壊された。

　この結果をジンバルドーは以下のように解釈した。治安の維持された地域では，何の変化もない駐車された車に対しては，通りがかった人々は，特に関心を持たない。しかし，そんな地域であっても，一部が破壊された車に対しては，所有者の監督がされていない「誰も気にかけていない車」であるとみなし，咎められることなく部品を持ち帰ることが可能であると判断する者が現れ，盗難が始まる。そして，一度盗難が始まると，ほかの者も，誰かが部品を持ち帰っても咎められないのであれば，自分も持ち帰ろうと思い始める。そして，荒廃が始まった車に対しては，さらに破壊行為を加えても，咎められることはないだろうとさらなる破壊行為を加える者が出てくる。そうして，盗難行為と破壊行為はエスカレートしていく。

　つまり，この実験は，最初の咎められない小さな不正行為が，責任の分散と罪を受けるリスク知覚の低下を招き，最終的には致命的な破滅へと導く過程を説明している。

する抑止力はさらに低くなる。このために，初期の軽微な犯罪者を徹底的に取り締まるという対策がとられることが多いが，住民の犯罪不安を考慮するならば，環境の荒廃に対する対策も重視されるべきであろう。

10-6 犯罪不安

　潜在的な被害者にとって空間行動を決定する要素の一つが**犯罪不安**である。犯罪に遭いそうな場所にはなるべく近づかないし，犯罪に遭いそうな時間帯には外出を控えるだろう。犯罪不安にはいくつか側面や要素が含まれている。まず，犯罪に遭遇する確率をどの程度に見積もっているかという「リスク確率の認知」と，犯罪に遭ってしまった際にどのくらいの損害を受けるかを判断する「ダメージの見積もり」の要素が含まれている。また，犯罪に遭遇した場合に，逃れたり，ダメージを受けないように対応できる能力や確信があるかという「対処の能力の自己評価」も影響を与えている。

　リスク確率の認知が高い犯罪の対象になりやすい者，対処の能力の自己評価の低い抵抗力の弱い者，ダメージの見積もりが大きい被害を受けたときのダメージが大きい者が，犯罪不安が高い傾向がある。このいずれにもあてはまりやすいのは，若い女性，高齢者，ハンディキャップのある人である。犯罪不安は場所を特定しない全般的犯罪不安と，特定の場所に対する状況依存的犯罪不安に分けることができる。全般的犯罪不安とは，漠然とした犯罪に対する不安であり，社会情勢や体感治安などに大きな影響を受ける。一方，状況依存的犯罪不安は，物理的環境の特性に対する恐怖感を反映する部分が大きい。犯罪不安を引き起こす環境特性

10-6 犯罪不安

図10-3 管理のされていない荒廃した場所（上）と社会的に望ましくない
とみなされる人々（下）の例
管理のされていない荒廃した場所を物理的無作法性、社会的に望ましくない
とみなされる人々（朝から何をするでもなく街角にたむろする少年たちなど）
を社会的無作法性とよぶ。こういった場所や人々は高い犯罪不安を引き起こす。

としては，①見通しが利かない場所，②犯罪者が隠れられる場所，③逃げることができない場所，④人気(ひとけ)がなく助けを求められない場所，⑤暗い場所，陰になっている場所，⑥管理のされていない荒廃した場所や，⑦路上生活者や娼婦などの社会的に望ましくないとみなされる人々が集まる場所などがある（小野寺・桐生・羽生，2003；Nasar & Jones, 1997）（図10-3）。

10-7 転移と拡散

すでにホットスポットに対する取締りを強化することで効果的な検挙が行われると述べたが，それでは，ホットスポットに対して集中的なCPTEDや状況的防犯，あるいは警察のパトロールなどの防犯対策を施した場合には何が起こるのだろうか。一つの可能性は，潜在的な犯罪者は他の場所に移動して犯罪を行うというものである。これは犯罪の**転移**とよばれ，特定の場所に対する重点的な防犯を行うことに対する実務的，倫理的批判の根拠となってきた。実務的批判とは犯罪者が移動するだけであれば，犯罪の総数は変化しないために無意味であるという批判であり，倫理的批判とはある地域の犯罪を抑制するために，他の地域の犯罪が増加することを容認することはできないという批判である。特に，犯罪を社会的弱所（たとえば，貧困地域）に押し付ける可能性が大きな問題とされる。しかし，動機を持つ犯罪者であっても，逮捕や目撃される危険を冒して犯罪を行うことは少ない。つまり，犯罪多発地域は，犯罪者を引きつける獲物（犯罪の対象・被害者）が存在するのと同時に，環境が犯罪を抑止する力が弱いと考えられる（**Topic 10-2**参照）。したがって，犯罪多発地域の防犯を進めても，そこにいた犯罪者が，犯罪を抑止する力が弱くない

Topic 10-5　防犯まちづくりの留意点

　1998年に『安心安全まちづくりハンドブック』が刊行され，2000年に警察庁による「安心・安全まちづくり推進要綱」が公表されたことなどをきっかけとして，今，全国各地で**防犯まちづくり**が進められている。そこでは，主に状況的防犯（守りやすい空間理論とCPTEDを含む）と割れ窓理論に基づく対策がとられている。一番普及している対策は，防犯カメラの設置と住民による防犯パトロールであろう。しかし，防犯カメラの設置には個人のプライバシーを侵害してしまうという問題がある。また，防犯パトロールによって発見され，注意される不審人物や反社会的行動の定義があいまいであり，単にパトロールを行う人々と属性が異なる人（たとえば外国人，路上生活者，昼間に住宅地にいる若い男性）や，価値観の違う行動（たとえば夜間の外出や公共の場の利用）もそうみなしてしまうという問題もある。「安心・安全」は望ましい価値とみなされ，無批判に推進されることが多いが，こうした問題点も考慮した上で，適切に導入することが必要である。守りやすい空間，CPTED，状況的防犯による対策にせよ，割れ窓理論によって示される無作法性（特に，迷惑な人々）の排除にせよ，これらはいずれも目的ではない。あくまでもこれらは手段である。また，すべての問題を解決できる万能薬ではなく，これらは，ある特定の目的に対する効果の限定された「対症療法」である。これらを目的にしてしまった場合には，その実現のために集団の利益の総和（あるいは平均的利益）が最大になるような多数決的な判断が行われがちになる。あくまでも手段とみなし，集団の全員が不利益を被らないようにするという集団における意思決定の原則を重視する必要がある。

ほかの地域に移動して同じように犯罪を行うとは限らない。ある研究では，多くの特定の地域への集中的な防犯を行って事例のうちで半数では転移は見られず，残り半数でも減少した罪種のすべてが転移したわけではないことを明らかにしている（Hesseling, 1994）。また，別の研究では，転移と逆の減少が起こる場合があることを報告している。つまり，特定の地域に対する防犯対策により，周辺の地域の犯罪も減少する場合がある。これは防犯対策の利益の**拡散**とよばれる。

10-8　地理的プロファイリング

地理的プロファイリングとは同一犯の連続犯行の犯行地点や手口，遺留品の分析から，犯人の行動パターンを分析し，次の犯行現場や犯人の居住地などの推測をする手法である。この手法は，カンターが提唱する捜査心理学の中の代表的な手法の一つであり，近年，日本でも導入が進められている（田村・鈴木，1997；三本・深田，1999）。

プロファイリングとして有名なものには，FBIなどで開発された犯行の手口や遺留品から犯人の特性を推定するプロファイリング（**FBI型プロファイリング**）がある。FBI型プロファイリングは，捜査官が犯行の手口や現場の状況から，犯人のパーソナリティや特徴などを，心理学や精神医学の知見に基づき演繹的に洞察するものである。しかし，この洞察を可能にするものは，科学的な体系というよりも，捜査官の経験と能力によるところが大きく，職人芸的であるといわれることがある。一方，環境心理学者であったカンターは，捜査の経験はなかったが，科学者として環境心理学の中に蓄積されていた人間の空間認知や行動の知見を犯罪者

Topic 10-6 サークル仮説

　カンターの**サークル仮説**とは「連続犯の居住地，またはそれに準ずる拠点は，最も離れた犯行地点を直径とした円の内側に存在する」というものである。その理由は以下のように説明されている（Canter & Larkin, 1993；Canter, 1994）。

1. 居住地のような拠点の周辺に関しては十分な認知地図を持っているが，知人が多いため身元が割れる恐れがあり，また警察の捜査が自宅に及ぶ可能性も高くなるので犯罪は行わない。しかし，遠くに行きすぎると，認知地図はあいまいになり，犯行対象を効果的に発見したり，発見されたときに逃げたりすることが難しくなってしまう。したがって最初の犯行は身の安全のために十分離れているが，自由な行動が確保されている犯人にとっての最適距離の場所で行われる。

2. 第1犯行現場付近では住民の警戒が強まったり，警察の捜査が行われていたりする可能性が高いため，犯人にとっては新しい危険地域になっている。そのため，危険と行動の自由の最適さを保つために，第1犯行地点とは別の方向で最適距離の場所で第2の犯行は行われる。

3. 第3犯行地点は第1，第2犯行と別の方向であり，また拠点から最適距離だけ離れた場所で行われ，第4以降の犯行地点も同じ原理で選択される。

　このような犯行地点選択行動の結果，連続犯の居住地，またはそれに準ずる拠点は，最も離れた犯行地点を直径とする円の内側に存在するという仮説が導かれる。

の空間行動の分析に応用した。特に，経験による洞察に依存せず，解決した多くの事件の統計的分析を行うことで，多くの犯罪事例の中にある一般的法則を帰納的に明らかにし，事例を一般的法則に当てはめることで犯人の行動推定をするというアプローチをとっている。

地理的プロファイリングの代表的仮説として**サークル仮説**がある（**Topic 10-6**）。これは，同一犯による連続犯罪の犯行地点の布置を分析した場合に，地点間の距離が最大になる2つの地点を直径とした円を描くと，その中に犯人の重要な拠点，特に犯人の居住地が含まれるという仮説である。多くの研究が実際の事件でこの知見がかなりの確率で成立していることを示している。

また，すべての犯行地点を分析する地理的プロファイリングの手法としてCMD（Center of Minimum Distance）と確率距離法がある。CMDとは，各犯行地点からの距離の総和が最小になる点のことであり，数学的には幾何学的メディアンである。**確率距離法**は，各犯行地点を山の中心にして等高線的に拠点である確率を算出し，その確率を各捜査対象地点で加算することで，それぞれの捜査対象地点における拠点である確率を計算することである。確率の計算は各犯行地点を山の中心にして，距離が離れるにつれて拠点である確率が下がるとする関数を用いるが，これは距離による減衰（distance decay）という仮定に戻づくものである（**Topic 10-7**）。結果は確率の変化を示す面として表現できることから，確率面法と呼ばれることもある。これまでの研究は，CMDと確率距離法の推定精度が，多くの場合に他の手法と比べて優れていることを示している。

Topic 10-7　犯行のための移動（journey to crime）

　犯罪者の行動を推測するには「犯罪行動はある意味で合理的であり，理解可能な法則に従っている」という前提が必要である。

　地理的プロファイリングの仮定する法則は，「犯罪現場の選択の基本的な基準は逮捕につながる危険性と労力を最小限にしながら，犯行の動機を満たすことである」ということである。

　潜在的にせよ顕在的にせよ犯罪には動機や目的があり，それを満たすために犯罪は行われる。そのため，犯行の動機を最大限に満たすための対象の探索行動が行われる。同時に，犯罪者は逮捕されたり，目撃されたりすることを恐れ，その危険性を最小にとどめようにに行動する。たとえば，知人の多い地元での犯行を控える傾向がある。犯罪者はこの目的の達成と逮捕の危険の最小化のバランスをとって行動を選択することになる。しかし，人間の認知・行動資源には限りがある。そのため，以上の2つの条件が満たされるかぎりにおいて認知・行動の労力を最小化しようとする。つまり，目撃され特定される危険性が十分に少ないと判断できる距離の範囲で，犯行の対象が十分に存在する最短の距離，あるいは移動時間の地点を選択する傾向がある。

　こうした犯行に最適と判断される地点は犯罪種によって変化する。たとえば，自動車盗のような場合には，犯罪による利益を最適にするためには，高級車を狙って，裕福な人が多く住む地域まで移動する必要性から，移動距離が長くなる傾向がある。

　こうした，犯行地点を選択し，出発地点から犯行地点で移動することは犯行のための移動（journey to crime）とよばれる。地理的プロファイリングとは，過去の解決した同種の犯罪のデータに基づいて，犯罪種ごとに犯行のための移動のモデルを作成し，それを用いて未解決の犯罪における犯罪者の出発地点を推定することであるともいえる。

10-9 意識空間

人は正確な認知地図を持つ場所では柔軟で正確な判断が可能であり，安心して行動することができる。そのため，特に空間選択行動においては，すでに過去の経験によって得られた環境の知識（認知地図）の影響が大きい。犯罪者にとって，この正確に安心して行動できるということは，非犯罪者にとってよりも重要なことである。それは，犯行を目撃されたり，逮捕されたりする可能性を減少させるには，冷静さを保ち，犯行現場への速やかで確実な到着や離脱，犯罪対象の発見が必要なためである。

そして，環境に対する経験が増加するにしたがって認知地図は詳しく，正確になる傾向がある（Hart & Moore, 1973；Siegel & White, 1975）（2-10参照）。それでは人間はどのような場所で多くの経験をするのであろうか。人間の日常生活のかなりの部分は，定型的な日常活動の繰返しであり，犯罪者も生活時間のほとんどは合法的な日常行為を行っている。定型的な日常活動における重要な拠点は**アンカーポイント**（Topic 7-2参照）といわれ，認知地図上の最も重要な要素となる（Couclelis et al., 1987）。このようなアンカーポイントとその周辺，そしてアンカーポイントを結ぶ経路は，特に詳しく正確な認知地図を持っている地域，**意識空間**になり，その空間における行動は最も安心感を持ち，適応的で効率的なものになる（Brantingham & Brantingham, 1981）。犯罪者の空間行動も，この意識空間とアンカーポイントに強く規定される。犯行地点から意識空間とアンカーポイントを推定することが地理的プロファイリングの基本的メカニズムである。

参考図書

フェルソン,M. 守山 正(監訳)(2005). 日常生活の犯罪学 日本評論社

ルーティンアクティビティ理論の提唱者の一人である著者による,その理論の背景から応用までを,社会状況とデータを使いながら解説した本。専門性は高いが,実例を挙げながら丁寧に記述しており,理解しやすい。

ニューマン,O. 湯川利和・湯川聡子(訳)(1976). まもりやすい住空間——都市設計による犯罪防止—— 鹿島出版会

環境デザインによる防犯という概念を確立した古典。ニューマンの研究は,影響も大きいが,これに対する批判も多い。しかし,批判の中には普及した俗流の理解によるものも多く,原著を読むことで誤解が解けることも多い。時にはぜひ「古典」を読んでみてほしい。

湯川利和(2001). まもりやすい集合住宅——計画とリニューアルの処方箋—— 学芸出版社

日本に環境デザインによる防犯を紹介した著者による,守りやすい空間理論の日本への適用研究集。守りやすい空間理論が機能するための必要条件が理解できる。

シュナイダー,R.H.・キッチン,T. 防犯環境デザイン研究会(訳)(2006). 犯罪予防とまちづくり——理論と米英における実践—— 丸善

都市計画のレベルでの環境デザインによる防犯の理論と実例の報告書。丁寧かつ詳細な記述であり,環境デザインによる防犯について日本語で読める本としては,最初に読むことを薦められる。

ロスモ,D.K. 渡辺昭一(監訳)(2002). 地理的プロファイリング——凶悪犯罪者に迫る行動科学—— 北大路書房

地理的プロファイリングに関しての理論の解説と事例の報告書。

萩野谷俊平(2016). 犯罪者プロファイリング研究——住居対象侵入窃盗事件の分析—— 北大路書房

地理的プロファイリングの日本での実例と分析のためのツールを紹介した本。原理や仮説に関しても最新の詳しい知見を理解することができる。

Brantingham, P. J., & Brantingham, P. L.(Eds.)(1981). *Environmental criminology*. Waveland Press.

環境犯罪学は環境心理学による犯罪へのアプローチ（犯罪環境心理学）の近接領域であり，人文地理学，環境心理学，犯罪社会学が融合したところに生まれた犯罪の解決という目的志向性が強い学際領域なのだが，それぞれの領域の実証的な成果を紹介しているという点でも貴重であり，環境犯罪学の設立の経緯が理解できる。

引用文献

1章

Bell, P. A., Green, T. C., Fisher, J. D., & Baum, A.（2001）．*Environmental psychology*. 5th ed. Forth Worth, TX, USA：Hartcourt.

カンター，D.・乾　正雄（編）（1972）．環境心理とは何か　彰国社

Gifford, R.（2002）．*Environmental psychology : Principles and practice*. 3rd ed. Canada：Optimal Books.

（ギフォード，R. 羽生和紀・槙　究・村松陸雄（監訳）（2005/2007）．環境心理学――原理と実践――（上・下）　北大路書房）

Holahan, C. J.（1982）．*Environmental psychology*. New York, NY, USA：Random House.

Ittelson, W. H., Proshansky, H. M., Rivlin, L. G., & Winkel, G. H.（1974）．*An introduction to environmental psychology : Man and his setting*. New York, NY, USA：Holt, Rinehart and Winston.

小林重順（1961）．建築心理入門　彰国社

正田　亘（1982）．環境心理入門　学文社

Mills, C. W.（1959）．*The sociological imagination*. Oxford, UK：Oxford University Press.

（ミルズ，C. W.　伊奈正人・中村好孝（訳）（2017）．社会学的想像力　筑摩書房）

Proshansky, H. M.（1990）．The pursuit of understanding : An intellectual history. In I. Altman & K. Chiristensen（Eds.），*Environment and his behavior studies : Emergence of intellectual traditions*. New York, NY, USA：Plenum.

Proshansky, H. M., Ittelson, W. H., & Rivlin, L. G.（Eds.）（1970）．*Environmental psychology : Man and his setting*. New York, NY, USA：Holt, Rinehart and Winston.

Russell, J. A., & Ward, L. M.（1982）．Environmental psychology. *Annual Review of Psychology*, **33**, 651-688.

相馬一郎・佐古順彦（1976）．環境心理学　福村出版

Stokols, D., & Altman, I.（Eds.）（1987）. *Handbook of environmental psychology* I & II. Malabar, FL, USA : Kreiger.

Veitch, R., & Arkkelin, D.（1995）. *Environmental psychology : An interdisciplinary perspective*. Englewood Cliffs, NJ, USA : Prentice-Hall.

Wohlwill, J. F.（1973）. The environment is not in the head. In W. F. E. Preiser（Ed.）, *Environmental design research*. Vol. 2. Stroudsburg, PA, USA : Dowden, Hutchinson, and Ross.

2章

Allen, G. L., Siegel, A. W., & Rosinski, R. R.（1978）. The role of perceptual context in structuring spatial knowledge. *Journal of Experimental Psychology : Human Learning and Memory*, **4**（6）, 617-630.

Appleyard, D.（1970）. Style and methods of structuring a city. *Environment and Behavior*, **2**, 131-156.

Appleyard, D.（1976）. *Planning a pluralist city : Conflicting realities in Ciudad Guayana*. Cambridge, MA, USA : MIT Press.

Briggs, R.（1973）. Urban cognitive distance. In R. M. Downs & D. Stea（Eds.）, *Image and environment : Cognitive mapping and spatial behavior*. Chicago, IL, USA : Aldine. pp.361-388.

Brunswik, E.（1944）. Distal focusing of perception : Size-constancy in a representative sample of situations. *Psychological Monographs*, **56**（1）, 1-49.

Brunswik, E.（1956）. *Perception and the representative design of psychological experiments*. 2nd ed. Los Angels, CA, USA : University California Press.

Cadwallader, M. T.（1976）. Cognitive distance in intraurban space. In G. T. Moore & R. G. Golledge（Eds.）, *Environmental knowing : Theories, research, and methods*. Stroudsburg : Dowden, Hutchinson, and Ross. pp.316-324.

Caillois, R.（1958）. *Les jeux et les hommes*. France, Paris Gallimard.

(カイヨワ, R. 多田道太郎・塚崎幹夫 (訳) (1990). 遊びと人間 講談社)

Canter, D., & Tagg, S. (1975). Distance estimation in cities. *Environment and Behavior*, **7**, 59-80.

Canter, D., & Wools, R. (1974). Judgments of people and their rooms. *British Journal of Social and Clinical Psychology*, **13**, 113-118.

Cherulnik, P. D. (1991). Reading restaurant facades : Environmental inference in finding the right place to eat. *Environment and Behavior*, **23** (2), 150-170.

Cherulnik, P. D., & Wilderman, S. K. (1986). Symbols of status in urban neighborhoods : Contemporary perceptions of nineteenth-century Boston. *Environment and Behavior*, **18**, 604-622.

Cohen, R., Baldwin, L. M., & Sherman, R. C. (1978). Cognitive map of naturalistic setting. *Child Development*, **49**, 1216-1218.

Cohen, R., & Weatherford, D. L. (1980). Effect of route traveled on the distance estimates of children and adults. *Journal of Experimental Child Psychology*, **29**, 403-412.

Cohen, R., & Weatherford, D. L. (1981). The effect of barriers on spatial representations. *Child Development*, **52**, 1087-1090.

Craik, K. H., & Appleyard, D. (1980). Street of San Francisco : Brunswik's lens model applied to urban inference and assessment. *Journal of Social Issue*, **36** (3), 72-85.

Evans, G. W. (1980). Environmental cognition. *Psychological Bulletin*, **88**, 259-287.

Gärling, T., Book, A., & Lindberg, E. (1984). Cognitive mapping of large-scale environments : The interrelationship of action plans, acquisition, and orientation. *Environment and Behavior*, **16**, 3-34.

Gifford, R. (2002). *Environmental psychology : Principles and practices*. 3rd ed. Colville, WA, USA : Optimal Book.

(ギフォード, R. 羽生和紀・槙 究・村松陸雄(監訳)(2005/2007).
環境心理学――原理と実践――上・下 北大路書房)

Golledge, R. G., & Zannaras, G. (1973). Cognitive approaches to the analysis of spatial behavior. In W. Ittelson (Ed.), *Environment and cognition*. New York, NY, USA : Seminar Press. pp.59-94.

Hanyu, K., & Itsukushima, Y. (1995). Cognitive distance of stairways : Distance, traversal time, and mental walking time estimations. *Environment and Behavior*, **27** (4), 574-586.

Hart, R. A., & Moore, G. T. (1973). The development of spatial cognition : A review. In R. M. Downs & D. Stea (Eds.), *Image and environment : Cognitive mapping and spatial behavior*. Chicago, IL, USA : Aldine. pp.246-289.

Herman, J. F., Norton, L. M., & Klein, C. A. (1986). Children's distance estimates in a large-scale environment : A research for the route angularity effect. *Environment and Behavior*, **18**, 533-558.

Kosslyn, S. M. (1980). *Ghosts in the mind's machine : Creating images in the brain*. New York, NY, USA : W. W. Norton.

Kosslyn, S. M. (1983). *Image and mind*. Cambridge, MA, USA : Harvard University Press.

Lee, T. R. (1970). Perceived distance as a function of direction in the city. *Environment and Behavior*, **2**, 40-51.

Levine, M. (1982). You-are-here maps : Psychological considerations. *Environment and Behavior*, **14**, 221-237.

Levine, M., Marchon, I., & Hanley, G. (1984). The placement and misplacement of you-are-here maps. *Environment and Behavior*, **16**, 139-157.

Lundberg, U. (1973). Emotional and geographical phenomena in a psychophysical research. In R. M. Downs & D. Stea (Eds.), *Image and environment : Cognitive mapping and spatial behavior*. Chicago, IL, USA : Aldine.

Lynch, K. (1960). *The image of the city*. Cambridge, MA, USA : MIT Press.
(リンチ, K. 丹下健三・富田玲子(訳)(1968). 都市のイメージ 岩波

書店）

槙　究（2004）．環境心理学――環境デザインへのパースペクティブ――　春風社

Milgram, S. (1973). Chapter Ⅱ, Introduction. In W. H. Ittelson (Ed.), *Environment and cognition*. New York, NY, USA : Seminar Press.

Moeser, S. D. (1988). Cognitive mapping in a complex building. *Environment and Behavior*, **20**, 21-49.

Nasar, J. L., Valencia, H., Omar, Z. A., Chueh, S., & Hwang, J. (1985). Out of sight further from mind : Distance visibility and distance perception. *Environment and Behavior*, **17**, 627-639.

Okabe, A., Aoki, K., & Hamamoto, W. (1986). Distance and direction judgment in a large-scale natural environment : Effect of slope and winding trail. *Environment and Behavior*, **18**, 755-772.

Pocock, D., & Hudson, R. (1978). *Images of the urban environment*. London, UK : The MacMillan Press.

Pylyshyn, Z. W. (1973). What the mind's eye tells the mind brain : A critique of mental imagery. *Psychological Bulletin*, **80** (1), 1-24.

Pylyshyn, Z. W. (1981). The imagery debate : Analogue media versus tacit knowledge. *Psychological Review*, **88**, 16-45.

Sadalla, E. K., & Sheets, V. L. (1993). Symbolism in building materials : Self-presentational and cognitive components. *Environment and Behavior*, **25** (2), 155-180.

Sadalla, E. K., Staplin, L. J., & Burroughs, W. J. (1979). Retrieval process in distance cognition. *Memory and Cognition*, **7** (4), 291-296.

Sadalla, E. K., & Staplin, L. J. (1980a). An information storage model for distance cognition. *Environment and Behavior*, **12** (2), 183-193.

Sadalla, E. K., & Staplin, L. J. (1980b). The perception of traversed distance : Intersections. *Environment and Behavior*, **12**, 167-182.

Sadalla, E. K., Vershure, B., & Burroughs, J. (1987). Identity symbolism in housing. *Environment and Behavior*, **19** (5), 569-587.

Siegel, A. W., & White, S. H. (1975). The development of spatial representations of large-scale environments. In H. W. Reese (Ed.), *Advances in child development and behavior*. Vol. 10. New York, NY, USA : Academic Press. pp.10-55.

Shemyakin, F. N. (1962). General problems of orientation in space and space representation. In B. G. Ananyev (Ed.), *Psychological science in the USSR*. Vol. 1. (NTIS No. TT62-11083). Washington, DC, USA : U. S. Office of Technical Reports.

Smith, C. D. (1984). The relationship between the pleasingness of landmarks and the judgment of distance in cognitive maps. *Journal of Environmental Psychology*, **4**, 229-234.

Staplin, L. J., & Sadalla, E. K. (1981). Distance cognition in urban environment. *Professional Geographer*, **33** (3), 302-310.

Thorndyke, P. W. (1981). Distance estimation from cognitive map. *Cognitive Psychology*, **13**, 526-550.

Thorndyke, P. W., & Hayes-Roth, B. (1982). Difference in spatial knowledge acquired from maps and navigation. *Cognitive Psychology*, **14**, 560-589.

Tolman, E. C. (1948). Cognitive maps in rants and men. *Psychological Review*, **55**, 189-208.

Wilson, M. A., & Mackenzie, N. E. (2000). Social attributions based on domestic interiors. *Journal of Environmental Psychology*, **20**, 343-354.

3章

Appleton, J. (1975). *The experience of place*. London, UK : Wiley.

Berlyne, D. E. (1960). *Conflict, arousal, and curiosity*. New York, NY, USA : McGraw-Hill.

Daniel, T. C., & Meitner, M. M. (2001). Representational validity of landscape visualizations : The effects of graphical realism on perceived scenic beauty of forest vistas. *Journal of Environmental Psychology*, **21**, 61–72.

Kaplan, S., Kaplan, R., & Wendt, S. (1972). Rated preference and complexity for natural and urban visual material. *Perception and Psychophysics*, **12**(4), 354–356.

Kaplan, S., & Kaplan, R. (1982). *Cognition and environment*. New York, NY, USA : Praeger.

Kellomaki, S., & Savolainen, R. (1984). The scenic value of the forest landscape as assessed in the field and the laboratory. *Landscape Planning*, **11**, 97–107.

久野 覚（1996）．室内に住む――熱環境のアメニティ―― 中島義明・大野隆造（編）すまう――住行動の心理学―― 朝倉書店 pp.92-110.

Nasar. J. L. (1997). *The evaluative image of the city*. Thousand Oaks, CA, USA : Sage.

Purcell, A. T. (1986). Environmental perception and affect. *Environment and Behavior*, **18**, 3–30.

Rosch, E. (1975). Cognitive reference points. *Cognitive Psychology*, **7**, 532–547.

Russell, J. A., Ward, L. M., & Pratt, G. (1981). Affective quality attributed to environments : A factor analysis study. *Environment and Behavior*, **12**, 259–288.

Shuttleworth, S. (1980). The use of photographs as an environmental presentation medium in landscape studies. *Journal of Environmental Management*, **11**, 61–76.

Whitefield, T. W. A. (1983). Predicting preference for familiar, everyday objects : An experimental confrontation between two theories of aesthetic behavior. *Journal of Environmental Psychology*, **3**, 221–237.

Zube, E. H., Sell, J. L., & Taylor, J. G. (1972). Landscape perception : Research, application and theory. *Landscape Planning*, **9**, 1–33.

4章

Alexander, C. (1977). *A pattern language.* New York, NY, USA : Oxford University Press.

（アレグザンダー，C. 平田翰邦（訳）(1984). パターンランゲージ　鹿島出版会）

Gibson, J. J. (1979). *The ecological approach to visual perception.* Boston, MA, USA : Houghton Mifflin.

（ギブソン，J. J. 古崎　敬・古崎愛子・辻敬一郎・村瀬　旻（訳）(1985). 生態学的視覚論――ヒトの知覚世界を探る――　サイエンス社）

Groat, L. (1982). Meaning in post-modern architecture : An examination using the multiple sorting task. *Journal of Environmental Psychology*, **2**, 3-22.

橋本俊哉 (1992). 観光地の「ゴミ問題」と誘導のための方策――「ゴミ捨て行動」の分析からみたゴミ問題――　月刊観光, **306**, 3-14.

Kaplan, R., & Herbert, E. J. (1988). Familiarity and preference : A cross-cultural analysis. In J. L. Nasar (Ed.), *Environmental aesthetics : Theories, research and applications.* New York, NY, USA : Cambridge University Press. pp.379-389.

Küller, R. (1991). Environmental assessment from a neuropsychological perspective. In T. Gärling & G. Evans (Eds.), *Environment, cognition, and action.* New York, NY, USA : Oxford University Press. pp.111-147.

Motoyama, Y., & Hanyu, K. (2014). Does public art enrich landscapes? The effect of public art on visual properties and affective appraisals of landscapes. *Journal of Environmental Psychology*, **40**, 14-25.

Nasar, J. L. (1989). Symbolic meanings of house style. *Environment and Behavior*, **21** (3), 235-257.

Nasar, J. L. (1999). *Design by competition : Making design competition work.* New York, NY, USA : Cambridge University Press.

Norman, D. A. (1988). *The design of everyday things.* Cambridge, MA, USA : MIT Press.

(ノーマン,D. A. 野島久雄(訳)(1990).誰のためのデザイン?——認知科学者のデザイン原論—— 新曜社)

Norman, D. A. (2004). *Emotional design : Why we love (or hate) everyday things*. New York, NY, USA : Basic Books.

(ノーマン,D. A. 岡本 明・伊賀聡一郎・安村道晃・上野晶子(訳)(2004).エモーショナル・デザイン——微笑を誘うモノたちのために—— 新曜社)

Preiser, F. E. (Ed.) (1989). Towards a performance-based conceptual framework for systematic POE. In In F. E. Preiser (Ed.), *Building evaluation*. New York, NY, USA : Plenum. pp.1-17.

Sampson, R. J. (2012). *Great American city : Chicago and the enduring neighborhood effect*. Chicago, IL, USA : University of Chicago Press.

Thaler, R. H., & Sunstein, C. R. (1999). *Nudge : Improving decisions about health, wealth, and happiness*. New Haven, CT, USA : Yales University Press.

(セイラー,R. H.・サンスティーン,C. R. 遠藤真美(訳)(2009).実践行動経済学——健康,富,幸福への聡明な選択—— 日経BP社)

Wilson, M. A. (1996). The socialization of architectural preference. *Journal of Environmental Psychology*, **16**, 33-44.

5章

Altman, I., & Low, S. M. (1992). *Place attachment*. New York, NY, USA : Plenum.

Bell, P. A., Green, T. C., Fisher, J. D., & Baum, A. (2001). *Environmental psychology*. 5th ed. Fort Worth, TX, USA : Harcourt Brace.

Cohen, U., & Weisman, G. D. (1991). *Holding on to home : Designing environments for people with dementia*. Baltimore, MD, USA : The Johns Hopkins University Press.

(コーヘン,U.・ワイズマン,G. D. 岡田威海・浜崎裕子(訳)(1995).

老人性痴呆症のための環境デザイン——症状緩和と介護をたすける生活空間づくりの指針と手法—— 彰国社)

Dunlap, E. D., & Van Liere, K. D.(1978). The "New Environmental Paradigm". *Journal of Environmental Education*, **9**, 10-19.

Evans, G. W.(2004). The environment of childhood poverty. *American Psychologist*, **59**(2), 77-92.

Heckle, R. V., & Hiers, J. M.(1977). Social distance and locus of control. *Journal of Clinical Psychology*, **33**, 469-474.

Huebner, R. B., & Lipsey, M. W.(1981). The relationship of three measures of locus of control to environmental activism. *Basic and Applied Social Psychology*, **2**, 45-58.

Hunt, M. E.(1984). Environmental learning without being there. *Environment and Behavior*, **16**, 307-334.

Juhasz, J. B., & Paxson, L.(1978). Personality and preference for architectural style. *Perception and Motor Skills*, **47**, 241-242.

Langer, E. J., & Rodin, J.(1976). The effects of choice and enhanced personal responsibility for the aged : A field experiment in an institutional setting. *Journal of Personality and Social Psychology*, **34**, 191-198.

Lawton, M. P.(1980). *Environment and aging*. Boston, MA, USA : MIT Press.

Mckechnie, G. E.(1977). The environmental response inventory in application. *Environment and Behavior*, **9**, 255-276.

中村 攻(2000).子どもはどこで犯罪にあっているのか——犯罪空間の実情・要因・対策—— 晶文社

呉 宣児・園田美保(2006).場所への愛着と原風景 南 博文(編著) 環境心理学の新しいかたち 誠信書房 pp.215-239.

奥野健男(1972).文学における原風景——原っぱ・洞窟の幻想—— 集英社

佐々木心彩・羽生和紀・長嶋紀一(2004).高齢者の施設適応度規定指標の開発——個室の個性化からの検討—— 老年社会科学,**26**,289-295.

仙田　満 (2016). 人が集まる建築——環境×デザイン×こどもの研究——講談社

Sia, A. P., Hungerford, H. R., & Tomera, A. N. (1985-86). Selected predictors of responsible environmental behavior : An analysis. *Journal of Environmental Education*, **17** (2), 31-40.

Sloane, P. D., & Mathew, L. J. (1990). The therapeutic environment screening scale. *American Journal of Alzheimer's Care and Research*, **5**, 22-26.

Sloane, P. D., & Mathew, L. J. (Eds.) (1991). *Dementia units in long term care*. Baltimore, MD, USA : John Hopkins University Press.

Sonnenfeld, J. (1969). Personality and behavior in environment. *Proceedings of Associate of American Geographers*, **1**, 136-140.

Weinstein, N. D. (1978). Individual differences in reaction to noise : A longitudinal study in a college dormitory. *Journal of Applied Psychology*, **63**, 458-466.

Weisman, J., Lawton, M. P., Sloane, P. D., Calkins, M., & Norris-Baker, L. (1996). *The professional environmental assessment protocol*. School of Architecture, University of Wisconsin at Milwaukee.

6章

Aiello, J. R., Thompson, D. E., & Brodzinsky, D. M. (1983). How funny is crowding anyway : Effects of room size, group size and the introduction of humor. *Basic and Applied Social Psychology*, **4**, 193-207.

Aiken, J. (1991). Come closer-stay back : Interpersonal space preference. *Dissertation Abstract International*, **51** (9-B), 4639.

Altman, I. (1975). *The environment and social behavior : Privacy, personal space, territoriality and crowding*. Montrey, CA, USA : Brooks/Cole.

Altman, I., & Chemers, M. M. (1980). *Culture and environment*. New York, NY, USA : Cambridge University Press.

Barker, R. G., & Gamp, P. V. (1964). *Big school, small school*. Stanford, CA,

USA : Stanford University Press.

Barker, R. G., & Gamp, P. V. (1968). *Ecological psychology*. Stanford, CA, USA : Stanford University Press.

Baum, A., & Vallins, S. (1977). *Architecture and social behavior : Psychological studies of social density*. Hillsdale, NJ, USA : Erlbaum.

Gifford, R., & Price, J. (1979). Personal space in nursery school children. *Canadian Journal of Behavior Science*, **11**, 318-326.

Hall, E. T. (1966). *The hidden dimension*. Garden City, NY, USA : Doubleday.

Helson, H. (1964). *Adaptation-level theory*. New York, NY, USA : Harper and Row.

Kinzel, A. S. (1970). Body buffer zone in violent prisoners. *American Journal of Psychiatry*, **127**, 59-64.

Lott, B., & Sommer, R. (1967). Seating arrangements and status. *Journal of Personality and Social Psychology*, **7**, 90-95.

Lyman, S. M., & Scott, M. B. (1987). Territory : A neglected social dimension. *Social Problems*, **15**, 235-249.

McCallum, R., Rusbalt, C. E., Hong, G. K., Walden, T. A., & Schopler, J. (1979). Effects of resource availability and importance of behavior o the experience of crowding. *Journal of Personality and Social Psychology*, **37**, 1304-1313.

Milgram, S. (1970). The experience on living on cities. *Science*, **167**, 1461-1468.

Nagar, D., Pandey, J., & Paulus, P. B. (1988). The effects of residential crowding experience on reactivily to laboratory crowding and noise. *Journal of Applied Social Psychology*, **18**, 1423-1442.

Nasar, J. L., & Min, M. S. (1984). *Modifiers of perceived spaciousness and crowding : A cross-cultural study*. Paper presented at the annual meeting of the American Psychological Association, Toronto, Ontario.

Savinar, J. (1975). The effect of ceiling height on personal space. *Man-Envi-*

ronment Systems, **5**, 321-324.
Sommer, R. (1969). *Personal space : The behavior basis of design*. Englewood Cliffs, NJ, USA : Prentice-Hall.
Srivastava, P., & Mandal, M. K. (1990). Proximal spacing to facial affect expression in schizophrenia. *Comprehensive Psychiatry*, **31**, 119-124.
Stokols, D. (1972). On the distinction between density and crowding : Some implications for further research. *Psychological Review*, **79**, 275-277.
Tannis, G. H., & Dabbs, J. M. (1975). Sex and personal space : First grade through college. *Sociometry*, **38**, 385-394

7章

Boureston, N., & Tars, S. (1974). Alterations in life patterns following nursing home relocation. *The Gerontologist*, **14**, 506-510.
Després, C. (1991). The meaning of home : Literature review and directions for future research and theoretical development. *The Journal of Architectural and Planning Research*, **8**, 96-115.
Gans, H. J. (1962). *Urban villagers : Group and class in the life of Italian-Americans*. New York, NY, USA : The Free Press.
Golledge, R. G. (1978). Learning about urban environments. In T. Carlstein, D. Parkes & N. Thrift (Eds.), *Timing space and spacing time*. Vol.1. *Making sense of time*. London, UK : Edward Arnold. pp.76-98.
羽生和紀 (2006). 都市の認知・評価・行動――東京のイメージの研究―― 南 博文 (編著) 環境心理学の新しいかたち 誠信書房 pp.184-212.
畑 倫子・羽生和紀 (2007).「我が家」の意味――主に首都圏居住者を用いた調査―― *MERA Journal*, **19**, 21-29.
Mathews, K. E., & Canon, L. K. (1975). Environmental noise level as a determinant of helping behavior. *Journal of Personality and Social Psychology*, **32**, 571-577.
Milgram, S. (1970). The experience on living on cities. *Science*, **167**, 1461-

1468.

Oda, M., Taniguchi, K., Wen, M., & Higurashi, M.（1989）. Effects of high-rise living on physical and mental development of children. *Journal of Human Ecology*, **18**, 231-235.

Oldenburg, R.（1991）. *The great good place : Cafes, shops, bookstores, bars, hair salons, and other hangouts at the heart of a community*. New York, NY, USA : Marlowe.

小俣謙二（編著）（1997）．住まいとこころの健康――環境心理学から見た住み方の工夫―― ブレーン出版

Rotton, J., & Frey, J.（1984）. Psychological costs of air pollution : Atmospheric conditions, seasonal trends, and psychiatric emergencies. *Population and Environment*, **7**, 3-16.

Rotton, J., & Frey, J.（1985）. Air pollution, weather, and violent crimes : Concomitant time series analysis of archival data. *Journal of Personality and Social Psychology*, **49**, 1207-1220.

Stokols, D., & Shumaker, S. A.（1982）. The psychological context of residential mobility and well-being. *Journal of Social Issues*, **38**（3）, 149-171.

住田正樹・南 博文（編）（2003）．子どもたちの「居場所」と対人的世界の現在 九州大学出版会

Tognoli, J.（1991）. Residential environments. In D. Stokols & I. Altman（Eds.）, *Handbook of environmental psychology*. Florida, FL, USA : Krieger Publishing. pp.655-690.

山本多喜司・ワップナー，S.（編）（1992）．人生移行の発達心理学 北大路書房

8章

Brooks, C. I., & Rebeta, J. L.（1991）. College classroom ecology : The relation of sex of students to classroom performance and seating preference. *Environment and Behavior*, **23**, 305-313.

Cohen, S., & Weinstein, N. (1982). Nonauditory effects of noise on behavior and health. In G. W. Evans (Ed.), *Environmental stress*. New York, NY, USA : Cambridge University Press.

Collins-Eiland, K., Dansereau, D. F., Brooks, L. W., & Holley, C. D. (1986). Effect of conversational noise, locus of control, and field dependence/independence on the performance of academic tasks. *Contemporary Educational Psychology*, **11**, 139-149.

Flynn, J. E. (1988). Lighting-design decisions as interventions in human visual space. In J. L. Nasar (Ed.), *Environmental aesthetics : Theory, research, and applications*. New York, NY, USA : Cambridge University Press. pp.156-170.

Gifford, R. (2003). *Environmental psychology : Principles and practice*. 3rd ed. Canada : Optimal Books.
(ギフォード, R. 羽生和紀・槙 究・村松陸雄（監訳）(2005/2007). 環境心理学——原理と実践——（上・下） 北大路書房)

Gulian, E., & Thomas, J. R. (1986). The effect of noise, cognitive set and gender on mental arithmetic performance. *British Journal of Psychology*, **77**, 503-511.

北川歳昭 (2003). 教室空間における着席位置の意味 風間書房

Koneya, M. (1976). Location and interaction in row and column seating arrangement. *Environment and Behavior*, **8**, 265-282.

McCormick, E. J. (1976). *Human factors in engineering and design*. New York, NY, USA : McGraw-Hill.

Nagar, D., & Pandey, J. (1987). Affect and performance on cognitive task as a function of crowding and noise. *Journal of Applied Social Psychology*, **17**, 147-157.

日本建築学会 (2003). 建築設計資料集成——人間—— 丸善

Paciuk, M. (1990). The role of personal control of the environment in thermal comfort and satisfaction at the workplace. *Dissertation Abstract Interna-*

tional, **50** (8-A), 2276.
Reid, D. B., & Paulhus, D. L (1987). *After effects of noise on cognitive performance*. Poster presented at CPA.
Roethlisberger, F. J., & Dickson, W. J. (1939). *Management and the worker*. Cambridge, MA, USA : Harvard University Press.
Salame, P., & Baddeley, A. (1987). Noise, unattached speech and short-term memory. *Ergonomics*, **30**, 1185-1194.
Toplyn, G., & Maguire, W. (1991). The differential effect of noise on creative task performance. *Creativity Research Journal*, **4**, 337-347.

9章

Davis, I. (1978). *Shelter after disaster*. Oxford, UK : Oxford Polytechnic Press.
Gifford, R., Scannell, L., Kormos, C., Smolova, L., Biel, A., Boncu, S., Corral, V., Güntherf, H., Hanyu, K., Hine, D., Kaiser, F. G., Korpela, K., Lima, L. M., Mertig, A. G., Mira R. G., Moser, G., Passafaro, P., Pinheiro, J. Q., Saini, S., Sako, T., Sautkina, E., Savina, Y., Schmuck, P., Schultz, W., Sobeck, K., Sundblad, E. L., & Uzzell, D. (2009). Temporal pessimism and spatial optimism in environmental assessments : An 18-nation study. *Journal of Environmental Psychology*, **29**, 1-12.
Kaplan, S. (1995). The restorative benefits of nature : Toward an integrative framework. *Journal of Environmental Psychology*, **12**, 169-182.
Hardin, G. (1968). The tragedy of the commons. *Science*, **162**, 1243-1248.
Mulady, J. J. (1994). Building codes : They're not just a hot air. *Natural Hazards Observer*, **18** (3), 4-5.
日本生態系協会(2001). 環境教育がわかる事典──世界のうごき・日本のうごき── 柏書房
Orians, G. H. (1986). An ecological and evolutionary approach to landscape aesthetics. In E.C. Penning-Rowsell & D. Lowenthal (Eds.), *Landscape meanings and values*. London, UK : Allens and Unwin. pp.3-25.

Schultz, P. W., Shriver, C., Tabanico, J. J., & Khazian, A. M.(2004). Implicit connections with nature. *Journal of Environmental Psychology*, **24**, 31-42.

Slovic, P.(1978). The psychology of protective behavior. *Journal of Safety Research*, **10**, 58-68.

Ulrich, R. S.(1984). View through a window may influence recovery from surgery. *Science*, **224**(4647), 420-421.

Wilson, E. O.(1984). *Biophilia*. Cambridge, MA, USA : Harvard University Press.

（ウィルソン，E. O. 狩野秀之（訳）(1994)．バイオフィリア――人間と生物の絆―― 平凡社）

Zajonc, R.(1980). Feeling and thinking : Preference need no inferences. *American Psychologist*, **35**(2), 151-175.

10章

Brantingham, P. J., & Brantingham, P. L.(1981). *Environmental criminology*. Protect Heights, IL, USA : Waveland Press.

Canter, D.(1994). *Criminal shadows*. London, UK : Harper Collins.

Canter, D., & Larkin, P.(1993). The environmental range of serial rapists. *Journal of Environmental Psychology*, **13**, 63-69.

Clarke, R. V.(Ed.)(1992). *Situational crime prevention : Successful case studies*. New York, NY, USA : Harrow and Heston.

Cohen, L. E., & Felson, M.(1979). Social change and crime rate trends : A routine activity approach. *American Sociological Review*, **44**, 588-608.

Couclelis, H., Golledge, R. G., Gale, N., & Tobler, W.(1987). Exploring the anchor point hypothesis of spatial cognition. *Journal of Environmental Psychology*, **7**, 99-122.

Felson, M.(1987). Routine activities and crime prevention in the developing metropolis. *Criminology*, **25**, 911-931.

原田　豊・島田貴仁（2000）．カーネル密度による犯罪集中地区の研究の試

み 科学警察研究所報告防犯少年編, **40** (2), 125-136.

Hart, R. A., & Moore, G. T. (1973). The development of spatial cognition : A review. In R. M. Downs & D. Stea (Eds.), *Image and environment : Cognitive mapping and spatial behavior*. Chicago, IL, USA : Aldine. pp.246-289.

Hesseling, R. (1994). Displacement : A review of the empirical literature. In R. Clarke (Ed.), *Crime prevention studies*. Vol. 3. Monsey, NJ, USA : Criminal Justice Press.

Jacobs, J. (1961). *The death and life of great American cities*. New York, NY, USA : Random House.

(ジェイコブズ, J. 山形浩生 (訳) (2010). アメリカ大都市の死と生 新版 鹿島出版会)

Jeffrey, C. R. (1971). *Crime prevention through environmental design*. Beverly Hills, CA, USA : Sage.

三本照美・深田直樹 (1999). 連続放火犯の居住地推定の試み――地理的重心モデルを用いた地理的プロファイリング―― 科学警察研究所報告防犯少年編, **40** (1), 23-36.

Nasar, J. L., & Jones, K. M. (1997). Landscapes of fear and stress. *Environment and Behavior*, **29** (3), 291-323.

Newman, O. (1973). *Defensible space : Crime prevention through urban design*. New York, NY, USA : Macmillan.

(ニューマン, O. 湯川利和・湯川聰子 (訳) (1976). まもりやすい住空間 鹿島出版会)

小野寺理江・桐生正幸・羽生和紀 (2003). 犯罪不安喚起に関わる環境要因の検討――大学キャンパスを用いたフィールド実験―― MERA Journal, **8** (2), 11-20.

Roncek, D. W., & Maier, P. A. (1991). Bars, blocks, and crime revisited : Linking the theory of routine activities to the empiricism of "hot spot". *Criminology*, **29** (4), 725-753.

Sherman, L. W., Gartin, P. R., & Buerger, M. E. (1989). Hot spots of predatory crime : Routine activities and the criminology of place. *Criminology*, **27** (1), 27-55.

Siegel, A. W., & White, S. H. (1975). The development of spatial representations of large-scale environments. In H. W. Reese (Ed.), *Advances in child development and behavior*. Vol. 10. New York, NY, USA : Academic Press. pp.10-55.

田村雅幸・鈴木　護 (1997). 連続放火の犯人像分析1――犯人居住地に関する円仮説の検討――　科学警察研究報告防犯少年, **38** (1), 13-25.

Wilson, J. Q., & Kelling, G. (1982). Broken windows. *Atlantic Monthly*, **211**, 29-38.

Zimbardo, P. G. (1969). The human choices : Individuation, reason and order versus deindividuation, impulse, and chaos. In W. J. Arnold & D. Levine (Eds.), *Nebraska Symposium on Motivation*. Lincoln, NE, USA : University of Nebraska Press. pp.237-307.

人名索引

アップルトン（Appleton, J.） 54
アップルヤード（Appleyard, D.） 30, 37
アルトマン（Altman, I.） 118
アルリッチ（Ulrich, R. S.） 174, 176
アレグザンダー（Alexander, C.） 68
アレン（Allen, T.） 159

ウィルソン（Wilson, E. O.） 170
ウィルソン（Wilson, J. Q.） 198
ウィルソン（Wilson, M. A.） 20, 68

奥野健男 94
オズグッド（Osgood, C. E.） 48
オルデンバーグ（Oldenburg, R.） 146

カ 行

カプラン夫妻（Kaplan, S., & Kaplan, R.） 54, 172, 174, 176
ガンス（Gans, H. J.） 133
カンター（Canter, D.） 20, 204, 205

北川歳昭 156
ギブソン（Gibson, J. J.） 4, 72

久野 覚 50
クラーク（Clarke, R. V.） 196, 197

ゴート（Groat, L.） 66

サ 行

ザイアンス（Zajonc, R. B.） 174
サダラ（Sadalla, E. K.） 20
サンプソン（Sampson, R. J.） 80

シーゲル（Siegel, A. W.） 37

ジェイコブズ（Jacobs, J.） 194
ジェフリー（Jeffrey, C. R.） 196
シムヤキン（Shemyakin, F. N.） 36
シャーマン（Sherman, L. W.） 190
ジンバルドー（Zimbardo, P. G.） 199

ズービ（Zube, E. H.） 44

仙田 満 99

ソマー（Sommer, R.） 112
ソンネンフェルド（Sonnenfeld, J.） 90

タ 行

チェルニック（Cherulnik, P. D.） 20

デービス（Davis, I.） 183
デプレ（Despres, C.） 132

トールマン（Tolman, E. C.） 28
トグノリ（Tognoli, J.） 132

ナ 行

中村 攻 97

ナサー（Nasar, J. L.） 58～60, 66

ニューマン（Newman, O.） 194

ノーマン（Norman, D. A.） 74, 76, 77

ハ 行

バーカー（Barker, R. G.） 4, 127
ハーディン（Hardin, G.） 178
ハート（Hart, R. A.） 36, 37
バーライン（Berlyne, D. E.） 52, 58
橋本俊哉 74

人名索引

羽生和紀　139
原田　豊　190
ブルンスウィック（Brunswik, E.）
　　18
ホール（Hall, E. T.）　112
ボルビル（Wohlwill, J.）　7

マ　行
槇　究　34, 35
マッキーニー（Mckechnie, G. E.）　91
ミルグラム（Milgram, S.）　142
ミルズ（Mills, C. W.）　13
メーラビアン（Mehrabian, A.）　88

ラ　行
ラッセル（Russell, J. A.）　48
リンチ（Lynch, K.）　28, 32, 34, 37
レヴィン（Lewin, K.）　4
ロイド（Lloyd, W. F.）　176
ロートン（Lawton, M.）　101

事項索引

ア 行
明るさ　160
アクションゾーン　154
アクションプラン　31
アフォーダンス　72, 74
アルファ・パーソナルスペース　114
アンカーポイント　208
アンカーポイント理論　137

意識空間　208
1次テリトリー　118
居場所　146
イメージャビリティ　34
癒しの環境　172

ウェイファインディング　31
ウォークスルーPOE　65

エキサイティング　48
エコロジカルリテラシー　180
エッジ　32
援助行動　143

オープンプランオフィス　164, 165
オープンプランデザイン　153
オフィス　164
オリエンテーション　31
温度　162

カ 行
回復環境　172
下位文化　144
開放感　59
拡散　204
学習環境　152
確率距離法　206
過剰負荷モデル　142
環境圧力　101

環境移行　136
環境教育　178
環境決定論　6
環境災害　182
環境心理学　2
環境心理学的想像力　13
環境推論　20
環境適応能力　101
環境パーソナリティ目録　90
環境配慮行動　180
環境反応目録　91
環境評価　44, 48, 54

キティ（キャサリン）・ジェノヴィーズ
　事件　143
凝集性　54
気流　162

空間　10
クライムマッピング　190
クライムマップ　190
クラウディング　124

景観緑三法　45
経験パラダイム　46
経路　32
経路決定　31
結束点　32
原風景　94

公共距離　115, 156
公共テリトリー　120
高層住宅　134
行動セッティング　127
行動のセルフコントロール　102
高齢者　98
固定的参照系　36
子ども　96, 97, 99

好まれるデザイン　77
混みあい感　124
ゴミの散らかし捨て（ポイ捨て）行動　74
コモンズ　176
コモンズの悲劇　178
コントロールの所在　86
コンフォート　50

サ　行

サークル仮説　205, 206
サードプレイス　146
サーベイマップ型　36
サバンナ仮説　171
サブカルチャー　144

刺激―反応（S-R）理論　44
自己中心的参照系　36
自然　59
室温　162
実際の環境　7
湿度　162
私的距離　115, 150
指摘的POE　65
シノモルフ　127
シノモルフィ　127
社会遠心セッティング　116
社会求心セッティング　116
社会距離　115, 156
主観距離　22
順応水準　144
状況的防犯　196, 197
照度　160
情報貯蔵仮説　26
照明　160
女性　96
人員配置理論　126
身体テリトリー　122
診断的POE　65
親密距離　115
心理物理学　22

心理物理的パラダイム　44

スクリーナー　88
スケッチマップ法　28
スティーブンスの法則　22
ストレス　48
ストレス回復理論　174
スラム　133

生態学的妥当性　18
専門家パラダイム　44

騒音　153, 163
相互交流　6, 46
相互作用　6, 46
相互浸透　6
相互テリトリー　120

タ　行

退屈　48
対人距離　115, 156
対比の特性と覚醒モデル　52

地域　32
知覚距離　22
知覚の恒常性　18
秩序　59
注意力回復理論　172
抽象的参照系　38
超高層住宅　134
調査のPOE　65
地理的プロファイリング　204

使いやすいデザイン　76

定位　31
ディストリクト　32
手入れのよさ　59
手がかりの利用　18
デザインのアフォーダンス　74
テリトリアリティ　118

事項索引

テリトリー　118
転移　202

都市　140
都市生活　140
都市のイメージ　28

ナ　行

ナッジ　74

2次元温冷感モデル　50
2次テリトリー　120
ニュー・エンバイロメンタル・パラダイム　87
入居後評価　64
認知距離　22〜24, 26
認知地図　22, 28〜30, 36, 37, 208
認知的パラダイム　44

ノード　32
ノンスクリーナー　88
ノンテリトリアルアドレス　159

ハ　行

パーソナライゼーション　119
パーソナルスペース　112
パーティション　164, 165
バイオフィリア仮説　170
ハウス　132
場所　10
場所愛着　92
場所アイデンティティ　92
場所のイメージ　139
パス　32, 37
パターンランゲージ　68, 69
パブリックアート　78
場面・セッティング　10
パラダイム　44
バリアフリー　70
犯行のための移動　207
犯罪不安　200

引越し　138
評価地図　60
ビルディングパフォーマンス　64

複雑さ　56
縁　32
物理的特性　24
プライバシー　110, 164, 165
フリーアドレス　159
フリーライダー　177
プルイット・アイゴー　194, 195
プレザントネス　50
プロキセミックス　112
プロトタイプ　56

ベータ・パーソナルスペース　114

報酬仮説　26
防犯まちづくり　203
方法論　44
ホーソン研究　158
ホーム　132
ホームアドバンテージ　122
ホットスポット　190, 192

マ　行

マーキング　119
守りやすい空間　194
迷うことが楽しい街　35

ミステリー　56
見晴らし・隠れ家理論　54

目印　32

ヤ　行

遊環構造　99
ユニバーサルデザイン　70

ラ　行

ランドスケープオフィス　164, 165

ランドマーク　32, 37

リスク　184
領域性　118
リラックス　48

ルーティンアクティビティ理論　192, 193
ルートマップ型　36

歴史的な重要性　59
レンズモデル　18, 20

労働環境　158
労力仮説　26
ローカス・オブ・コントロール　86
ローパネル　164

ワ　行

わかりやすさ　56
割れ窓理論　198
割れ窓理論の心理的メカニズム　199

英　字

ART　172
BGM　163
CMD　206
CPTED　196
EPI　90
ERI　91
NIMBY　177
PEAP　105
POE　64
SRT　174
TESS　105
TESS-2＋　105
YAH（You-Are-Here）マップ　38

著者紹介

羽生和紀（はにゅう　かずのり）

1995年　オハイオ州立大学大学院都市計画学科環境行動学専攻博士課程修了
現　在　日本大学文理学部心理学科教授　Ph.D.

主要編著書・訳書
『環境心理学（シリーズ 心理学と仕事17)』（編）（2017，北大路書房）
『心理学を学ぶまえに読む本』（単著）（2015，サイエンス社）
『心理学のための英語論文の書き方・考え方』（単著）（2014，朝倉書店）
『環境心理学の新しいかたち』（分担執筆）（2006，誠信書房）
『犯罪心理学』（分担執筆）（2005，朝倉書店）
『複雑現象を量る――紙リサイクル社会の調査――』（共著）（2001，朝倉書店）
『自然をデザインする――環境心理学からのアプローチ――』（監訳）（2009，誠信書房）
『環境心理学――原理と実践――（上・下）』（共監訳）（2005・2007，北大路書房）
『犯罪心理学――行動科学のアプローチ――』（監訳）（2006，北大路書房）

ライブラリ 実践のための心理学=5
環境心理学 第2版
――人間と環境の調和のために――

2008 年 5 月 10 日©	初版 発行
2017 年 3 月 25 日	初版 第 6 刷発行
2019 年 4 月 25 日©	第 2 版第 1 刷発行
2025 年 3 月 10 日	第 2 版第 4 刷発行

著 者 羽生和紀

発行者 森平敏孝
印刷者 山岡影光
製本者 小西惠介

発行所　株式会社 サイエンス社
〒151-0051　東京都渋谷区千駄ヶ谷1丁目3番25号
営業 ☎ (03) 5474-8500（代）　振替 00170-7-2387
編集 ☎ (03) 5474-8700（代）
FAX ☎ (03) 5474-8900

印刷 三美印刷　　　製本 ブックアート
《検印省略》

本書の内容を無断で複写複製することは、著作者および出版者の権利を侵害することがありますので、その場合にはあらかじめ小社あて許諾をお求め下さい。

ISBN978-4-7819-1443-5
PRINTED IN JAPAN

サイエンス社のホームページのご案内
https://www.saiensu.co.jp
ご意見・ご要望は
jinbun@saiensu.co.jp　まで。

Progress & Application
司法犯罪心理学

越智啓太 著

A5判・264頁・本体2,300円（税抜き）

本書は，わかりやすさで定評のある教科書の改訂版です．研究の進展を反映して記述やデータを差し換え，よりわかりやすくなるよう心がけました．また，公認心理師のカリキュラムに鑑み，司法・裁判心理学の章を追加し，学習の助けとなるよう予習問題を加えました．視覚的な理解にも配慮し，見開き形式，2色刷としています．初学者から公認心理師を目指す方まで，おすすめの一冊です．

【主要目次】

第1章　犯罪の生物学的原因論
第2章　犯罪の心理学的原因論
第3章　犯罪の社会学的原因論
第4章　暴力犯罪
第5章　性犯罪
第6章　ドメスティック・バイオレンス，ストーキング，虐待
第7章　窃盗・強盗・放火
第8章　犯罪捜査
第9章　司法・裁判
第10章　防　犯
第11章　矯正・更生保護

サイエンス社

環境心理学の視点
暮らしを見つめる心の科学

芝田征司 著

A5判・256頁・本体 2,300 円（税抜き）

本書は，学際的な研究領域として発展の目覚ましい環境心理学の入門テキストです．知覚や認知といった心理学的な内容のほか，建築学や犯罪学，社会学などのさまざまな領域に関連した内容について，身近で日常的な場面を例として取り上げ，本書を読みながら体験できるように工夫して解説しています．何気ない日常の中に，知的探求のきっかけを見つけることのできる一冊です．

【主要目次】
 第1章　環境と心理学
 第2章　環境の知覚と認知
 第3章　環境と対人行動
 第4章　環境と心身の健康
 第5章　環境と住まい
 第6章　環境と労働・学び
 第7章　環境と安全・安心
 第8章　環境と災害
 第9章　環境のデザイン
 第10章　環境の保護

サイエンス社

心理学を学ぶまえに読む本

羽生和紀 著

A5判・232頁・本体1,750円（税抜き）

本書は，これから大学で心理学を専攻し，心理学を学ぼうとしている高校生や大学生のために書かれた本です．心理学の知識そのものというよりも，心理学を学んでいくうえで必要な知識や技術，能力について説明しています．本を読んだり，インターネットを使ったりといった，知識を手に入れる方法，ものごとを順序立てて正しく考える方法，考えたことを文章という形で表現する方法，それを演習やゼミといった場面で人に伝える方法，など，学問を学ぶための準備について丁寧に解説しています．心理学のみならず，他の学問を専攻しようとする方，社会人になってから知的な活動に必要な技術を学び直したい方にもおすすめの一冊です．

【主要目次】

第1章　なぜこの本を読んでほしいのか
第2章　手に入れること
第3章　理解すること
第4章　考えること
第5章　表現すること
第6章　伝えること

サイエンス社